沙門ブッダの成立

原始仏教とジャイナ教の間

山崎守一
Yamazaki Moriichi

大蔵出版

はしがき

筆者の関心は、初期仏教教団が他の遊行者《ゆぎょうしゃ》の集団と区別され、独自の教団としてサンガ（僧伽《そうぎゃ》）を形成した頃の、ゴータマ・ブッダ（漢訳で「仏陀」と表記するが、本書では「ブッダ」を用いる）の教えの形態と、それがどのように遵守されたかを知ることにある。そして、この種の問題に手がかりを与えてくれる資料は、その当時に成立した古い聖典ということになるのだが、現在われわれは、ブッダの時代に成立した文献なるものを手にすることはできない。なぜなら、ブッダの時代にはブッダは弟子たちに口頭で語り、その教えは当初、定型句や韻文の形で伝えられて、後代に膨大な原始仏教聖典として集成されていったものだからである。

しかしながら、一般論として、膨大な原始仏典の中でも最古の層に属する聖典の中に、ブッダの時代の生活実態を解明する手がかりが数多く存在する可能性は高い。そのため、『スッタニパータ』や『ダンマパダ』のような最古層の仏典の検討は不可欠と言えよう。

ハンブルク大学の教授であった故アルスドルフ（L. Alsdorf）は『ジャイナ教研究の現状と将来の課

題』と題する講演（これは一九六五年にパリで出版された）の中で、初期仏教を研究するに当たっては、初期ジャイナ教聖典の中に基礎となる文献資料が存在するので、これら両宗教聖典の比較研究が重要であることを指摘した。このことは、初期仏教を研究するには初期ジャイナ教の文献資料が必要であり、反対に初期ジャイナ教の研究には初期仏教の文献資料が必要となり、どちらの研究に際しても両宗教文献の綿密な比較研究が必須であることを意味する。わが国においては、故中村元博士は、最初期の仏教のありようを理解するためには、初期ジャイナ教の研究が不可欠であることを強調し、多くの論文を公表している。

両宗教とも、もともとバラモンに対抗して遊行・遍歴する沙門《しゃもん》の集団から、独自の教団として擡頭したことを考慮する時、教理（世界観、人生観、倫理観など）や実践道に共通点が見られるのは当然のことである。したがって、両宗教文献を比較検討しながら厳密に内容を把握することは、それぞれの宗教の正確な理解に繋がることになる。この理由から、本書においても、仏教をより正確に理解するために、ジャイナ教の思想や実践道を折に触れて紹介していきたい。

周知のように、原始経典にしろ大乗経典にしろ、ほとんどの経典は冒頭、あるいはブッダへの帰依《きえ》の言葉の後、「如是我聞《にょぜがもん》」（私はこのように聞きました）で始まる。パーリ文は evaṃ me sutam（エーヴァム・メー・スタム）、サンスクリット文は evaṃ mayā śrutam（エーヴァム・マヤー・シュルタム）である。ここで言うところの「我」（me, mayā）は決して多聞第一《たもんだいいち》であった阿難《あなん》のみを指しているのではないと理解すべきである。そうであれば、如是我聞は、ブッダがどのように話したかが問題になるのではなく、対告衆《たいごうしゅ》である聞き手がブッダの説法をどのように聞き、どのように理解したかが重要になるのである。この点で聖書を神の啓示、つまり神の絶対的真理として、無条件に受け入れなければならないキリスト教とは異なっている。

広いインドで、交通手段も発達していない時代に、比丘《びく》（出家遊行者）たちはひとたびブッダの説法を聞くと、それを胸に何日も何ヶ月も布教の旅をしたことであろう。沙門の遊行者（比丘）と言えば聞こえはいいが、身なりは糞掃衣《ふんぞうえ》をまとっただけの乞食同然の姿であるから、不吉な者として村人から石を投げられたり、棒で打たれたり、ありとあらゆる迫害を受けたことが、古い経典には述べられている。そのような状況の中で、比丘たちにとって、唯一ブッダの言葉が心のよりどころだったにちがいない。

また、行く手には他の宗派の修行者たちがいて、論争を挑まれることもしばしばあったようである。論争を挑まれて答えに窮した時、その都度、ブッダのもとに聞きに帰ることなど、当時の交通事情を考えれば不可能であった。そのような時、これまでに学んだブッダの言葉を自分なりに咀嚼して抗弁したことであろう。

このような数多くの経験を積みながら、比丘たちはブッダの言葉を自分なりに解釈して、それぞれの地方の生活様式や生活慣習、いわば土地柄に適合するように敷衍していったのであろう。そして、そうすることによって人々のニーズに答えていったため、人々の心をつかみ、それはブッダの教えとして大いに広まっていったと考えられる。

ところで、原始仏典に説かれていることは、往々にして出家者に対する教示であり、そのように実践できれば出家者としての理想的な生き方と言えるものが大変多いことに気がつく。つまり、現代社会において在家の生活を送っているわれわれにとっては、それをそのまま受け入れて実践できるような教えばかりではないということである。時には反社会的と言われても仕方のないような教説があるのも事実である。

このような事情を踏まえれば、現代に生きるわれわれは、釈尊《しゃくそん》教団の布教者たちから何をどのように学ぶべきか、検討が必要ということになる。仏典をそのまま字句通り受け取るのではなく、仏典にこめられた真意を汲み取り、現在の立場から自分なりに解釈し直して、現代社会にマッチした読み替えをしなければならない。そして、そのような主体的な読み替えのためには、経典に書かれた言葉を常に自分自身の課題として取り組もうとする姿勢も重要である。

筆者が初期仏教教団におけるブッダの教えとその遵守・実践に関心を向けるのも、仏教の正確な理解なくしては、主体的な読み替えも実践も不可能だからである。本書がそのような取り組みを目指す方々の仏教理解に資するものとなれば、誠に幸いである。

目次

沙門ブッダの成立

原始仏教とジャイナ教の間

第一章　ウパニシャッドの思想

一　アーリヤ人の侵入とその社会

今日のヨーロッパ人と同じ祖先をもつインド・アーリヤ人（Indo-Aryan）が、ヒンドゥークシュ山脈を越えて、インドのパンジャーブ（五河）地方に侵入したのは、紀元前一三世紀頃と推定されている。アーリヤとは「高貴な」という意味であり、自称である。彼らはコーカサスの北方地域の草原地帯を原住地としていたと言われている。

彼らが侵入してきたパンジャーブ地方には、黒色低鼻のダーサもしくはダスユと呼ばれる先住民が住んでいたが、アーリヤ人は武力で先住民を制圧して隷民とした。アーリヤ人はもともと遊牧民であったが、この地に定住して牧畜を営むようになった。さらに、紀元前一〇〇〇年頃からジャムナー河とガンジス河との中間にある流域地帯に移住するようになり、酷暑と多雨の気候、それに肥沃な土地を利用し、牧畜に加えて農耕も営むようになっていった。

農耕生活にともなって、多数の神々を信仰の対象にし、これらの神々が彼らの幸不幸を左右するものと考えるようになり、そのため彼らは祭壇を設け、祈願の内容に応じてそれにふさわしい神をそこに勧請《かんじょう》し、聖火と盛りだくさんの供物《くもつ》を捧げたのである。そして、その神に最大級の賛辞を贈ることによって、自分たちの願いを叶えてもらおうとした。このような事情から、祭事が社会生活を営む上で重要な役割を果たすようになり、司祭者を中心とする氏族制農村社会が形成されていった。

この社会で崇拝された神々は、太陽、風、雨、水、河といった自然現象のみならず、言葉のような抽象的なものまでもが含まれ、その神々に讃歌を捧げるためにヴェーダ聖典が作成されるようになった。ヴェーダとは、サンスクリット語の動詞語根 vid-（知る）から作られた言葉で、「知識」という意味である。ヴェーダの基本的な部分であるサンヒターは本集とも言われ、最古の聖典で最も重要な『リグ・ヴェーダ』、呪法や民間信仰を伝える『アタルヴァ・ヴェーダ』、歌詠の集成である『サーマ・ヴェーダ』、それに祭式の実態を説明する『ヤジュル・ヴェーダ』の四種がある。中でも『リグ・ヴェーダ』は紀元前一二〇〇～一〇〇〇年頃の成立と言われ、一〇二八の神々への讃歌を含んでいる。

ヴェーダに始まった祭式儀礼は、時代を経るにしたがって、細部にわたってますます細かに規定されるようになり、司祭には専門知識が要求され、世襲の職業としての司祭者階級が形成されるようになった。これがバラモン（婆羅門《ばらもん》）階級である。バラモンたちは自分たちが行なう祭祀が神聖なものであり、人々の幸不幸は偏に祭祀の実行にかかっていると説明するようになっていった。こうして、祭祀と教義を独占して絶大な影響力と社会的地位を不動のものにしたのである。

バラモン階級の成立と前後して、王族も独自の階級を形成し、庶民の職業も世襲となり、アーリヤ人に征服された先住民も隷民、いわゆるシュードラとして重労働や雑役を強制された。これらの階級の固定化は時代とともに一層進み、四姓制度（カースト制度）が成立する。元来、この制度は皮膚の色（ヴァルナ）が基盤になっている。四姓とは、

①司祭者（バラモン、婆羅門）　②王族（クシャトリヤ、刹帝利《せつていり》）
③庶民（ヴァイシヤ、吠舎《べいしや》）　④隷民（シュードラ、首陀羅《しゆだら》）

のことである。①から③までの階級を再生族（dvija）と言い、ウパナヤナ（upanayana）という一種の成人式によって再生できるとされ、第四のシュードラはウパナヤナが許されていなかった。司祭者であるバラモンが最も尊く、クシャトリヤ、ヴァイシヤの順で続き、シュードラが最下位と見なされたのである。カーストに基づいた社会生活が厳格に営まれ、カーストが異なれば結婚はもとより、食事を共にすることや同席することも禁止されていた。

バラモンが司祭者としての影響力を確立するにしたがって、四ヴェーダ・サンヒターには註釈が書かれ、膨大な量の註釈書が成立する。これらを総称してブラーフマナ（祭儀書）と呼んでいる。祭式

についての起源や実行方法、意義や目的などを記した註釈文献である。また、四ヴェーダ・サンヒターにはブラーフマナ同様、森林書と称されるアーラヌヤカがあり、司祭についての秘法がまとめられており、森林において伝授されるべき秘密の教えと言われている。アーラヌヤカはブラーフマナからウパニシャッドへの橋渡しをする位置づけの文献と見なされている。なお、広い意味でのヴェーダ聖典には、サンヒター、ブラーフマナ、アーラヌヤカ、ウパニシャッドが包括される。

二　ウパニシャッド文献

ウパニシャッドとは、一般的に「弟子が師の近くに坐る」意味と解釈され、師と弟子との間で語られる秘密の教えを表わし、それらの秘説を集成した聖典群（奥義書《おうぎしょ》）の名称となった。これらの聖典はヴェーダ聖典の最後にあることからヴェーダーンタ（ヴェーダの最後）とも称される。

ところで、二〇〇種近いウパニシャッド文献が伝えられているが、年代によって区分すると、およそ以下のように分けることができる。すなわち、

①古代ウパニシャッド

ⓐ上古（紀元前八〇〇～五〇〇年頃）

ⓑ中古（紀元前五〇〇～二〇〇年頃）

ⓒ中世（紀元前二〇〇年頃）

②新ウパニシャッド（紀元前二世紀～紀元後一六世紀頃）となる。ウパニシャッドの文献には多くの優れた哲人が登場し、深遠で高度な哲学を説き、重要な思想を展開するが、これらのうち、仏教思想の形成に少なからず影響を与えたのは、上古のウパニシャッドである。代表作は『ブリハッド・アーラヌヤカ・ウパニシャッド』と『チャーンドーギャ・ウパニシャッド』の二篇である。

三　梵我一如

ウパニシャッドの文献に見られる思想の中心は、梵我《ぼんが》一如説《いちにょせつ》と輪廻転生説《りんねてんしょうせつ》である。これらの文献には祭祀に関する記述が依然として存在するが、バラモン教の祭式万能主義を批判して、解脱《げだつ》に達するためにはもはや祭祀では不可能であると説かれるようになる。苦行や瞑想、それに遊行《ゆぎょう》が説かれ、それらの実践から得られる智慧を祭祀よりも重視するようになり、新たな哲学的思索が営まれるようになる。

解脱というのは、大多数のインドの宗教・哲学諸派において求められた究極の理想の境地である。解脱の原語（サンスクリット語）には、モークシャ（mokṣa）、ムクティ（mukti）、ヴィムクティ（vimukti）などがあり、これらはいずれも動詞語根 muc-（解放する）から作られたものである。

このような流れの中で、梵我一如説がウパニシャッド哲学の主流となったのであるが、実際、「このアートマンはブラフマンである」、「汝は梵である」というような句がウパニシャッド文献の随処に見出される。我はアートマン（ātman）の訳語であるが、元来、呼吸を意味し、やがて他人に対する自己の意となり、さらに自己の内にある永遠不滅の実体と解されるようになった。一方、梵はブラフマン（brahman）の訳語で、宇宙の根源であり根本原理である。

こうして、自己の内にあるアートマンを知ることができれば、ブラフマンと合一することができ、解脱に到達することができる、と説かれるようになった。言い換えれば、個人の本体（我）と宇宙の本体（梵）とは同一不異であると認識することができれば、すべての苦しみから解放されて、安心立《あんじんりつ》命《めい》の絶対的な境地に到達することができる、という梵我一如の思想が展開されるのである。

哲学者ウッダーラカによれば、この世界の一切がそのまま絶対者ブラフマンであり、これはわれわれの永遠不滅の本体であるアートマンにほかならない。それゆえにアートマンは極大かつ極小である、と述べている。彼の弟子であるヤージュニャヴァルキヤ（紀元前六五〇～五五〇年頃）は、妻マイトレーイーに向かって、「アートマンは純粋の叡知であって、物質として捉えることができない。あえて言葉で言い表わそうとすれば、『それではない』『それではない』（neti neti ネーティ ネーティ）と否定的に表現するしかない」と告げている。

四　輪廻転生

　ウパニシャッドのもう一つの代表的な思想は、輪廻転生説である。輪廻転生とは、生まれては死に、死んではまた生まれるという、再生・再死を無限に繰り返すことであり、苦しみの原因と考えられた。生を受けた者は必ず死ぬことになるが、これは本人にとっても周りの者にとっても最大の悲しみであり、苦しみでもある。特に再死は人々を恐怖に陥れ、最も苦しいものとされた。永遠に続くこのような繰り返しから解放されることが解脱であり、人生の究極の目的であった。解脱に達すればもはや再生も再死もないことになるからである。

　この輪廻転生思想の根底にあるものは、業《ごう》という考え方である。業の原語はサンスクリット語のカルマン（karman）であり、もともとは行為を意味したが、人が行為をなせば必ず善悪の果報がもたらされると考えられるようになり、その果報をもたらす潜在的な力をも意味するようになった。すなわち「善因善（楽）果・悪因悪（苦）果」である。この因果応報の思想はすべての生類《しょうるい》のありようにも適用される。つまり、今現在の自己のすがたは前世《ぜんせ》における業による結果であり、それゆえ今世《こんせ》における行為が来世《らいせ》の自己のあり方を決定することになると説かれ、人々に対して倫理的強制力をもつようになった。

この輪廻思想の代表的なものに、プラヴァーハナ王に帰せられる「五火二道」の説がある。五火説とは、死んで火葬された者は、①月の世界に入り、②雨となって地上に降り、③根から吸収されて米や麦などの食物となり、④それを食べた男子の精子となって、⑤母胎に入って誕生する、という五段階の素朴な循環説で輪廻を説明している。

また、二道とは、神路《じんろ》（devayāna）と祖道（pitryāna）とであって、祖道は五火説の順序でこの世に帰ってくる人の順路であり、祭祀を神々への布施《ふせ》と信じる人がこれに当たる。他方、神路は死後、火葬の煙に乗って天界に行き、ついには梵（ブラフマン）の世界に達して再びこの世に帰らない人の道程である。したがって、神路を通って梵界に達することが解脱を意味することになり、その解脱を得るためには、森林において敬虔なる修行を実践し、愛欲を断たなければならないと説かれる。このことから、この時代にはブラフマンが他の神々の上位に位置づけられていたこと、しかし神々の権威が失墜したため、祭祀を行なう絶対的な価値が無くなったことがわかる。

ただ、ここで注意しなければならないことは、ウパニシャッド文献は奥義書と言われるように、高邁な思想が公開されていたわけではなかったということである。この思想が依然として師と弟子との間の秘密の教えであったことは、後に説明する仏教の公開性とは好対照をなすということである。

第二章　仏教を理解するための資料論

一　三蔵の編纂

三蔵とは、サンスクリット語ではトゥリ・ピタカ（tri-piṭaka）と言い、経蔵、律蔵、論蔵の三つのことである。ピタカとはバスケット（かご）の意味であるが、容れ物だけでなく、そこに入れられた中身（内容）をも意味する。

ブッダ亡き後、摩訶迦葉《まかかしよう》（マハーカーシャパ）はブッダの教説が散失してしまうことを恐れ、結集《けつじゆう》（saṃgīti）を行なった。結集とは経典の編纂会議のことであり、第一回の結集は五〇〇人の仏弟子が王舎城《おうしやじよう》（ラージャグリハ）郊外に集まり、摩訶迦葉が議長を務めて行なわれた。この結集において、ブッダの傍らで説法を聞く機会の一番多かった阿難《あなん》（アーナンダ）が、「私は仏さまの説法をこのように聞いております」（如是《にょぜ》我《が》聞《もん》＝是《かく》の如《ごと》く我《われ》聞《き》けり）と言って、一つ一つブッダの説法された内容（これを「法＝ダルマ」と言う）を思い起こしながら説き明かしていった。これを聞いていた仏弟子たちが「その通りである」と言って、阿難が誦出《じゅしゅつ》したことに賛同し、承認した。このようにして一つ一つの「経」が成立していったとされる。そして、これら承認された経を集録したものが「経蔵」である。

　しかし、実際には結集はその後も何回か行なわれており、すぐに膨大な原始経典が成立したとは考えにくい。結集時にブッダの教えを確認したことは事実として認められるが、この時に確認されたのは教えの中核になる部分であったと考えられる。そしてそれをもとに、その後の仏弟子たちによって、長い年月をかけて順次作成されていったものが、現在われわれの読むことのできる経典であると理解するのが自然であろう。順次と言ったが、同じ経典でも核になる部分と、後に増広された部分とがあることも事実である。

　また、この結集において、持律第一と言われた優波離《うはり》（ウパーリ）の誦出する規則は、「経」と同様な手続きを経て仏弟子たちに「律」として承認され、やがて整理されて「律蔵」として成立したと考えられる。これに盛られた規則には個人の生活を律するものと教団を運営するためのものとが含まれる。経蔵と同じように、律蔵も何回かの結集を経て成立したと言われている。

　経蔵も律蔵も仏滅後一〇〇年頃にはその原形が作られていたと思われる。しかし、この頃になると仏教教団は上座部《じょうざぶ》と大衆部《だいしゅぶ》の二つにまず分裂し、その後も分裂を繰り返し、最終的には一八、あるいは二〇の部派に分かれたという。分裂にともなって経蔵も律蔵もそれぞれの部派ごとに伝持され、部派の事情に応じて増広・改変されていったと見ることができよう。

現在われわれが手にすることのできる経蔵や律蔵は、パーリ語で書かれたものや漢訳されたものなどであるが、長い年月をかけて成立しているため、新層と古層が入り交じっているのが実情である。このような事情があるため、伝承を異にする場合、同一のタイトルの経であっても内容が多少異なることはやむをえないのである。

これら経・律蔵に対して、「論蔵」は阿毘達磨《あびだつま》（アビダルマ＝対法）と呼ばれ、ブッダの説かれた教えをよく理解するために、理論的・体系的に整理した哲学書のことである。

二　経　典

パーリ語によって伝えられた経蔵は「五ニカーヤ（部）」としてまとめられているが、これは上座部系の分別説部《ふんべつせつぶ》が伝えたものである。五ニカーヤとは、

①ディーガ・ニカーヤ（Dīgha-nikāya）　長部
②マッジマ・ニカーヤ（Majjhima-nikāya）　中部
③サンユッタ・ニカーヤ（Saṃyutta-nikāya）　相応部

④アングッタラ・ニカーヤ　（Aṅguttara-nikāya）　増支部

⑤クッダカ・ニカーヤ　（Khuddaka-nikāya）　小部

である。『ディーガ・ニカーヤ』は比較的長い経を集めたもので、三四経が収録されている。『マッジマ・ニカーヤ』は中くらいの長さの経を一五二経集めている。『サンユッタ・ニカーヤ』と『アングッタラ・ニカーヤ』はいずれも短い経を多数集めており、現段階の研究では経の数に定説がない。さらに、『クッダカ・ニカーヤ』と称される経典群があり、一五経からなっている。この中で特に有名なものは、『スッタニパータ』（Suttanipāta　経集）、『ダンマパダ』（Dhammapada　法句経《ほっくきょう》）、『テーラ・ガーター』（Theragāthā　長老偈《ちょうろうげ》）、『テーリー・ガーター』（Therīgāthā　長老尼偈）などである。これらの経典は、「かの世尊《せそん》、阿羅漢《あらかん》、正等覚者《しょうとうがくしゃ》に帰依《きえ》したてまつる」（namo tassa bhagavato arahato sammāsambuddhassa）で始まることを特徴としている。

一方、中国に伝えられた経蔵は「四阿含《しあごん》」であり、①『長阿含経《じょうあごんぎょう》』は『ディーガ・ニカーヤ』に対応し、法蔵部が伝持した。②『中阿含経《ちゅうあごんぎょう》』は『マッジマ・ニカーヤ』に対応し、説一切有部《せついっさいうぶ》が伝持した。③『雑阿含経《ぞうあごんぎょう》』は『サンユッタ・ニカーヤ』に対応し、説一切有部から分出した根本説一切有部が伝えていた。④『増壱阿含経《ぞういちあごんぎょう》』は『アングッタラ・ニカーヤ』に対応し、大衆部または法蔵部に属すると言われているが、所属部派は不明である。

パーリ語の五ニカーヤと漢訳の四阿含が対応するといっても、そこに含まれる経の一つ一つが完全に一致するわけではない。パーリ文と漢訳に同一内容を説く経が数多く存在するというだけで、両者が全く同文であるという例は皆無に近い。これは、漢訳する時に底本となった原文がサンスクリット語かもっと崩れた俗語、もしくは中央アジアの言語、例えばガンダーラ語などであって、パーリ語の原文ではなかったということが第一の理由である。また、阿含（āgama アーガマ）がその名の示す通り、「伝承」である以上、その過程で増広や改変、再編が行なわれたことによると言えよう。

それでもなお、パーリ文と漢訳で同一内容を伝えているものがあるということは、それらはいまだ仏教が広域に布教される以前、仏弟子たちの意識がかなりの程度統一されていた古い時代の名残ということができよう。もちろん、パーリ語やサンスクリット語という文字に筆記される以前である。

三　パーリ語聖典の特質

初期仏教教団が他の遊行者《ゆぎようしや》（沙門《しやもん》）の集団と区別され、独自の教団としてのサンガ（saṃgha 僧伽《そうぎや》）を形成した頃、ブッダの教えはどのようなものであったのか。そのことを知ろうと思えば、その当時に成立した聖典を基礎資料として内容を把握すればよいことになるのであるが、現在われわれは、ブッダ時代に成立した文献を手にすることはできない。なぜなら、ブッダは弟子たちに口頭で語ることを常としており、ブッダ亡き後（恐らく紀元前三世紀以降）に数々の原始仏教聖典が集成されていったたからである。

しかしながら、一般論としては、最古の層に属する聖典群の中に、ブッダ時代の教えや実践道を解明する手がかりが数多く存在することは間違いのない事実である。すなわち、最古の仏教聖典と言われる『スッタニパータ』や『ダンマパダ』は、その成立をブッダの時代まで遡らせることはできないにしても、新層に属する文献よりは、はるかにブッダ時代の様子を推定する手がかりを与えてくれると考えられる。

ただ注意すべきことは、これら最古の原典テキストはパーリ語で書かれているにもかかわらず、内容を把握するためには、解決すべき文献学上の困難な問題が横たわっているということである。第一に、言語（古い語形をもつパーリ語）の難解さがあり、校訂本や翻訳において、現段階では未解決の問題が残されたままである。第二に、これら最古層の仏典の編纂事情が挙げられる。古いジャイナ教聖典にも言えることであるが、同一章であっても、章全体が矛盾なく整合性をもって叙述されていないことがある。例えば、文脈上、第一詩節（一般に詩偈《しげ》、詩頌《しじゅ》、偈頌《げじゅ》、単に偈とも言われる）と第三詩節が一見して矛盾したことを述べていることがあったり、第二詩節が全体の流れから、何か不自然な挿入ではないかと思われるような場合もある。これは最古層の聖典の編纂事情によるものと理解せざるをえない。

ジャイナ教聖典においても同様であるが、初期の仏教聖典における詩節の最小単位は詩脚（pāda）である。韻律の制約を受けつつ四つの詩脚で一詩節を形成するのが普通である。時には六詩脚などもある。一例を挙げよう。『ダンマパダ』は、前節で取り上げた⑤『クッダカ・ニカーヤ』（小部）に属する経で、四二三の詩節（韻文）からなり、最初期の仏教を知る上で、『スッタニパータ』と同様に貴重な価値をもっている。そればかりでなく、古今東西、多くの人々に読誦《どくじゅ》・愛好されている。今日、多くの外国語に訳された経としては『ダンマパダ』の右に出るものはなく、初期仏典のみならず、大乗経典を含むすべての仏典の中で傑出している。

ダンマとは、パーリ語の普通名詞 dhamma のことで、サンスクリット語の dharma（ダルマ）に相当し、通常「法」と訳され、真理や教えを意味する。一方、パダはサンスクリット語もパーリ語も pada で、言葉、詩句、道の意味である。したがって、ダンマパダで「真理の言葉」という意味になり、漢訳では「法句経」である。

この『ダンマパダ』の第一八三詩節に、

すべての悪いことをなさないで　　善いことを行ない
自己の心を清めること　　これが諸仏の教えである

という詩節がある。これは、

諸悪莫作《しょあくまくさ》　　衆善奉行《しゅぜんぶぎょう》

自浄其意《じじょうごい》　是諸仏教《ぜしょぶつきょう》

と漢訳され、「七仏通戒偈《しちぶつつうかいげ》」としてあまりにも有名である。なぜ七仏通戒偈といえば、『法華経』の「五百弟子受記品第八」に次のような一節がある。

富楼那《ふるな》は過去七仏のもとにおいても説法第一であり、今、わがところにおいても説法第一であり、さらに未来に出現する諸仏のもとにおいても説法第一であり、仏法を護り、それが広まる助けとなるであろう。（大正蔵九巻、二七下）

ここで言うところの七仏とは、毘婆尸仏《びばしぶつ》、尸棄仏《しきぶつ》、毘舎浮仏《びしゃふぶつ》、拘留孫仏《くるそんぶつ》、拘那含牟尼仏《くなごんむにぶつ》、迦葉仏《かしょうぶつ》の六人の仏に、釈迦牟尼仏《しゃかむにぶつ》を加えて七仏と称する。釈迦牟尼仏を除けばいずれも過去の仏で、過去に出現した無数の仏たちの中で、ブッダの時代まで大きな影響を与えた仏たちである。これら七人の仏に共通した教えであるから七仏通戒偈と言われる。

「すべての悪いことをなさないで、善いことを行ない」は、仏教における日常生活上の行為規定を表わし、「自己の心を清めること」は、宗教上の核心となる大切な事柄を示しており、仏の教えはこの詩節に尽きると言っても過言でない。

パーリ語の原文は韻（リズム）を踏んだもので、

Śloka　–⏑––|⏑⏑⏓–||⏓–⏑⏑|⏑–⏑–||（⏑は単音、–は長音を表わす。）

sabbapāpassa akaraṇaṃ kusalassa upasampadā /

Śloka　⏑–⏑⏑|⏑–⏓–‖––––|⏑–⏑–‖

sacittapariyodapanaṃ etaṃ buddhāna sāsanaṃ. //183//

であって、第一行の一重下線が詩脚（pāda パーダ）a、二重下線が詩脚bで、シュローカ（Śloka）調の詩である。第二行の一重下線が詩脚c、二重下線がdとなり、これもシュローカ調の詩となる。これら四つの詩脚から一詩節が形成されている。この二行詩はシュローカ二つが合わさって、韻律はアヌシュトゥブ（Anuṣṭubh）と呼ばれる。

シュローカにおける一つの詩脚は、四つの母音を伴うオープニング（opening）とカデンス（cadence）からなり、奇数詩脚（aとc）のオープニングはわりと自由であるが、カデンスはほとんどが⏑–––をとることが多い。また、偶数詩脚（bとd）のオープニングは自由であるが、カデンスは⏑–⏑⏓をとらなければならない。このような韻律の制約を受けるため、聖仙（あえて言えば、経作者）たちは無数の詩脚を知っており、それらを自由に組み合わせて作詩することによって、自己の考えを表明していたと思われる。

このような事情から、一詩節といえども、全体としてつじつまの合わないことが時としてある。また、いくつかの詩節が集成されて一つの章を構成するのであるが、詩節の寄せ集め、パッチ・ワーク（patch-work）であるため、章全体の内容に付加部分があったり、欠損している箇所があったりで、章全体としてはまとまりに乏しい場合もある。

この傾向は初期仏教聖典のみに留まらず、初期ジャイナ教聖典にも同様の詩脚や詩節が伝えられている。このことは、初期の仏教やジャイナ教を含む当時の出家遊行者や自由思想家たちの間に、何らかの共通の基盤が存在したことを窺わせる。本書では、この視点に立って適宜、両宗教聖典の詩節を並列しながら紹介していくことになる。

教義体系が固まっていない早期の成立であることとも相俟って、初期仏教聖典や初期ジャイナ教聖典には、より後代に成立した文献のような体系的教義を期待することはできない。それでも初期の仏教を理解するためには、パーリ語で書かれた初期仏典は不可欠の第一資料であることに変わりはない。

われわれは、パーリ文献協会（Pali Text Society ＝ＰＴＳ。かってはパーリ聖典協会と訳され、原始仏教の研究者の用いる訳語であった。しかし、ＰＴＳの出版物は聖典である三蔵の原典とその英訳から、三蔵以外のパーリ語で書かれた文献、いわゆる「蔵外文献」へと広がっており、今後ますますこの傾向は強くなっていくことが予想されることから、パーリ文献協会の訳語を用いる）から出版されたテキストを底本にしてパーリ文献を読むことになるが、校訂上の問題が未解決のままになっているテキストが数多く存在していることに注意を払わなければならない。

パーリ文献協会の会長を長く務め、ケンブリッジ大学教授であったノーマン（K. R. Norman）によれば、ＰＴＳのテキストには二つの大きな問題が横たわっている。一つは、編纂者たちが原典テキストを確立するに当たって、従うべき原則について何の情報も与えられていなかったため、異なる東洋版の読みを編纂者の主観で採用したことである。もう一つは、テキストの中には校正されることなく印刷されたものがあるということである。そのため再刷される時、編集長ができる限りの訂正を行なったにもかかわらず、手書きの訂正であったため編集次長がびっくりして、訂正されていない「きれいな」書物を印刷所に送ってしまったのである。つまり、再刷時にも訂正なしの初版本がそのまま出版されたということである。

われわれは底本にするPTS版パーリ聖典の、このような編纂の事実を直視しなければならない。その結果、PTS版は、テキストに使用された写本が限定されることになり、さらに韻律上未解決の問題が数多く残されたため、批判校訂本とは見なされていない。ハンブルク大学の故アルスドルフ(L. Alsdorf)やボレー(W. B. Bollée)は、東洋諸国で校訂されたパーリ聖典、いわゆるオリエンタル版(Oriental edition-s)を参照し、韻律上の諸問題を解決することによって、これまでの古い校訂本を再校訂する必要性を強調している。

四 聖典の言語

①インドの言語

日本において明治以前にあった仏典の中には、わずかではあるがサンスクリット語の貝葉《ばいよう》も見つかっているものの、漢訳されたものが大部分である。漢訳された仏典のもとのテキストの言語にはサンスクリット語の他に、例えば、一部の大乗経典などに用いられた仏教混淆梵語があり、さらに密教経典には仏教混淆梵語以外にアパブランシャ語も混在している。

初期の仏教、すなわち原始仏教の聖典用語はパーリ語であり、ブッダの教説や教義に言及するには、当然パーリ語について説明すればよいのであるが、パーリ語は中期インド・アリアン語の範疇に含まれる言語である以上、まず中期インド・アリアン語とはどのような言語であるかを簡単に説明することが不可欠となる。

インド・アーリヤ人がパンジャーブ地方に侵入して以来、今日のヒンドゥ語にいたるまで、インドで使用された主な言語を、大きく三つの時期に分けると以下のようになる。

①古代インド・アリアン語（Old Indo-Aryan）
　ヴェーダ語（Vedic）
　古典サンスクリット語／標準サンスクリット語（Sanskrit）
②中期インド・アリアン語（Middle Indo-Aryan）
古層：アショーカ王碑文語（Aśoka）
　パーリ語（Pāli）
ガンダーラ語（Gāndhārī）

仏教混淆梵語（Buddhist Hybrid Sanskrit）
中層：アルダ・マガダ語（Ardha-Māgadhī）
ジャイナ・マハーラーシュトラ語（Jaina-Māhārāṣṭrī）
ジャイナ・シューラセーナ語（Jaina-Śaurasenī）
マハーラーシュトラ語（Māhārāṣṭrī）
マガダ語（Māgadhī）
シューラセーナ語（Śaurasenī）
ピシャーチャ語（Paiśācī）
新層：アパブランシャ語（Apabhraṃśa）他
③近代インド・アリアン語（Modern Indo-Aryan）

古代インド・アリアン語の最古層はヴェーダ語と称されているが、サンスクリット語は紀元前四世紀半ばにパーニニ（Pāṇini）という文典家によって、人工的に規定された文章語である。「完成された」を意味する過去分詞サンスクリタ（saṃskṛta）に由来し、雅語とも称され、研究者には古典サンスクリット語（Classical Sanskrit）とか梵語と呼ばれるものである。文学作品、哲学書、宗教書、歴史書、叙事詩、戯曲などがサンスクリット語で叙述されており、先に見たウパニシャッドの文献もサンスクリット語で書かれている。

これに対して、民衆語、方言、俗語をプラークリット（Prākrit）と呼んでいる。プラークリットは、「自然の」を意味するプラークリタ（prākṛta）に由来する。方言とか俗語といっても全くの口語というわけではなく、ある程度規定された文章語というべきものである。そして、プラークリットの範疇にあるこれらの諸言語は、古代インド・アリアン語と近代インド・アリアン語との間に位置することから、中期インド・アリアン語と総称される。

また、これらの言語は、紀元前六世紀から紀元後一一世紀の長きにわたっているため、通常、古層、中層、新層に区別される。

まず、古層に属するものとして、アショーカ王の碑文語が挙げられ、地方的特色ごとに四種の言語に分類される。次に、アショーカ王の碑文語とほぼ同時代に属するのが、韻文で綴られたパーリ語文献である。中央アジアのコータンで発見された『法句経』に用いられたガンダーラ語も古層に属する。ガンダーラ語の名称は、ケンブリッジ大学の教授であった故ハラルド・ベイリー（H. W. Bailey）によって命名された。さらに、この『法句経』は後任の故ジョン・ブラフ（J. Brough）によって校訂され、詳細な言語学的註記が付されて、『ガーンダーリー・ダルマパダ』（Gāndhārī Dharmapada）として出版された。この他に、大衆部系の説出世部《せつしゅつせぶ》の律蔵から抄出されたと言われる仏伝の『マハーヴァストゥ』（Mahāvastu 大事）や代表的な初期大乗経典の『法華経』（Saddharmapuṇḍarīka-sūtra）に用いられた言語がある。この言語はフランクリン・エジャートン（F. Edgerton）によって仏教混淆梵語と名づけられた。

中層には、主にジャイナ教聖典語がある。まず、ジャイナ教白衣派《びゃくえは》（Śvetāmbara）の聖典用語であるアルダ・マガダ語（Ardha-Māgadhī）、註釈書に用いられたジャイナ・マハーラーシュトラ語（Jaina-Māhārāṣṭrī）と、ジャイナ教空衣派《くうえは》（Digambara 裸形派《らぎょうは》とも言う）の聖典に用いられたジャイナ・シューラセーナ語（Jaina-Śaurasenī）がある。聖典の数からもジャイナ教の教理を知る上からもアルダ・マガダ語は重要である。聖典以外の文学作品では、戯曲用の言語にマハーラーシュトラ語（Māhārāṣṭrī）、マガダ語（Māgadhī）、シューラセーナ語（Śaurasenī）が使用されている。これらの言語は方言に基づきながらも文法家の手によって文語化されたものと見てよいものである。この他にピシャーチャ族が用いたと言われるピシャーチャ語（Paiśācī）がある。

これら中期インド・アリアン語の文献を読む場合には、一般的にサンスクリット語をベースにして、もう少し砕けた言い方をすれば、還梵《げんぼん》（サンスクリット語に置き換える）して読むことになる。さらに、中期インド・アリアン語の範疇に含まれる諸方言には互いに密接な関連があることから、原始仏典を読むためには、パーリ語の知識はもちろんであるが、アルダ・マガダ語をはじめとする中期インド・アリアン語に含まれる複数の言語と、サンスクリット語の知識が不可欠となる。他方、ジャイナ教の文献を読むためには、アルダ・マガダ語の知識はもとより、パーリ語をはじめとする中期インド・アリアン語に含まれる複数の言語と、サンスクリット語の知識が必要となる。

そして、新層プラークリットには近代インド諸語への橋渡しをするアパブランシャ語（Apabhraṃśa）があるが、アパブランシャとは「隔たっていること」を意味し、文字通りサンスクリット語の音韻や語法とはかなりの隔たりがある言語である。

では、実際に仏典に使用された言語としてのパーリ語、仏教混淆梵語、ガンダーラ語、そしてジャイナ教の聖典語としてだけでなく、初期仏典の研究にとっても重要と考えられるアルダ・マガダ語について簡単に説明していこう。

②パーリ語

ⓐ「パーリ」という名称

パーリ語は、今日では原始仏典に用いられた一つの言語であると誰もが疑わない。しかし、この「パーリ」という言葉は、初めから聖典に使用された言語の意味をもっていたわけではない。元来、パーリとは聖典の註釈書であるアッタカター（aṭṭhakathā）に対する聖典そのものの意味であり、上座部が伝持した経・律・論の三蔵がパーリであって、英語のキャノン（canon）に相当した。

では、いつ頃から聖典語として用いられるようになったかと言えば、遅くとも一七世紀後半にはパーリが聖典語の意味で用いられていたことは明らかである。ルイ一四世の特使としてシャム（現タイ）

に滞在した宣教師たち、例えばシモン・ドゥ・ラ・ルベール（Simon de la Loubère）やラノー（Laneau）の著作には、パーリという名称が上座部聖典の言語の意味に用いられていたからである。

チルダース（Childers）は、一八七五年にパーリ語の辞典を出版したのであるが、パーリ語という名称をシンハラ（現スリランカ）人から教わっており、クラフ（B. Clough）も一八二四年に文法書を出版する際に聖典語としてパーリを用いていることからも、一九世紀にはシンハラ人に言語の名称としてのパーリ語が知られていた。

ビルマ（現ミャンマー）においても、同じ頃にパーリ語という呼び方が普及していたようである。一八六一年に書かれた『サーサナヴァンサ』（Sāsanavaṃsa 教義の歴史）において、言語としてのパーリという名称は用いられていた。

確固たる証拠を挙げることはできないが、シャム、シンハラ、ビルマの三国で時代を異にして用いられたとは考えにくい。そう考えると遅くとも一七世紀には、「パーリ」は聖典そのものを指すだけでなく、一言語を意味するようになったと言うことができるが、それより数世紀も前から人々に普及していたように思われてならない。

ⓑ「パーリ」語　この言語は言うまでもなく、『スッタニパータ』や『ダンマパダ』などの初期仏典の聖典語である。大きな特徴として言えることは、中期インド・アリアン語の中では方言的要素が比較的少なく、仏教混淆梵語を除けば最もサンスクリット語に近い性質をもった言語であるということ

である。パーリ語で書かれた仏典は、ジャイナ教聖典と比較しても見劣りしないだけの数量があり、各時代ごとの文献が数多く残っている。この言語は、長い年月の間に変容していった形跡が認められ、今ここに大別して古い順に示せば、

①聖典の偈頌（韻文）
②聖典の長行《じょうごう》（散文）
③聖典の註釈書、教理綱要書、歴史書類
④一〇世紀以降の諸文献

ということになる。ここではブッダの生きざまや教えの内容などに直接関わる、①聖典の偈頌（韻文）に基づいて、特徴をいくつか拾い出してみることにする。

音韻的には、サンスクリット語と比較して、母音にṛがなく、子音にもś、ṣがなくsのみである。また、ヴェーダ語より古い語彙が存在する。例えば、idha（ここに）はヴェーダ語のihaより古形を留めている。また、ヴェーダ語に同じかサンスクリット語よりも古形を留めている語にrukkha（樹）がある。この語はヴェーダ語でrukṣa、サンスクリット語でvṛkṣaである。

時には、オリジナルの形態から変化したと思われる語形を含む意味不明の語もある。つまり初期の仏教聖典には、これまでに知られているパーリ語形とは異なった難解な特殊用語（術語）が数多く存在するということである。また、韻律の制約を受け、語句が省略され、註釈なしでは理解できない詩

節も存在するが、その註釈の説明が今日の言語学の水準では認められないものもある。さらに、古いテキストほど校訂上の問題が解決されずに残されたままである。

『スッタニパータ』や『ダンマパダ』のような古層に属する聖典の詩節には、多くの並行詩脚（parallel pāda）や並行詩節（parallel verse）が含まれていることも特徴の一つである。並行詩節とは、同一の聖典や異なる聖典に同一の詩節が見られることを言う。

例えば、『ダンマパダ』の第三九六詩節から第四二三詩節が、『スッタニパータ』の第六二〇詩節から第六四七詩節と同一である。さらに、ジャイナ教聖典の『ウッタラッジャーヤー』（Uttarajjhāyā）の第九章第一四詩節と、仏教の『ジャータカ』（Jātaka 本生話《ほんじょうわ》）第五三九話第一二五詩節が並行詩節となっており、以下のごとくである（もちろん『ウッタラッジャーヤー』の原語はアルダ・マガダ語であり、以下のジャイナ教聖典からの引用も同じである）。

suhaṃ vasāmo jīvāmo jesi mo natthi kiṃcaṇa
mihilāe ḍajjhamānie na me ḍajjhai kiṃcaṇa（Utt. 9. 14）
私たちは自分のものを何ももたない。幸福に生活し、生存する。
ミティラーが燃えている時、私の何ものも燃えない。
susukhaṃ vata jīvāma yesaṃ no n' atthi kiñcanaṃ
Mithilāya ḍayhamānāya na me kiñci adayhathā 'ti（Ja. No. 539, g. 125）

私たちは自分のものを何ももたない。幸福に生活する。

ミティラーが燃えている時、私の何ものも燃えない。

初期の仏典やジャイナ教聖典の中には、並行詩節や並行詩脚が数多く存在し、これらは共通内容を示しているばかりでなく、そこに現われた難解な語を解明する上できわめて有用である。さらに言えば、パーリ語やアルダ・マガダ語の難解な語に出くわした時、並行詩節や並行詩脚がこの種の問題解決には不可欠となる。このことは、「④アルダ・マガダ語とパーリ語の関係」のところで論述する。

③アルダ・マガダ語

ジャイナ教は、マハーヴィーラ（Mahāvīra）までに二三人の教祖が存在したことを伝えているが、事実上の開祖はマハーヴィーラである。彼はブッダと同じくクシャトリヤの出身で、ほぼ同時代に同一の地域で布教活動をしていたと見なされている。ジャイナ教も仏教と同様に教祖の死後分裂しているが、白衣派（Śvetāmbara）と空衣派（Digambara）の二大宗派に分かれたのは紀元後一世紀頃である。白衣派は聖典にアルダ・マガダ語（Ardha-Māgadhī）を用い、聖典以外の作品、すなわち註釈書類にはジャイナ・マハーラーシュトラ語（Jaina-Māhārāṣṭrī）を使用している。これに対して空衣派の聖典はジャイナ・シューラセーナ語（Jaina-Śaurasenī）で書かれている。この二派は、教義の面ではほとんど差異はないが、規律の面でいくつか相違点がある。例えば、白衣派は白衣の着用を認め、女性の解《げ》脱《だつ》を認めるが、空衣派は白衣の着用を認めず（それゆえ裸形派とも言う）、女性の解脱も認めない、という具合である。
マーガディー（Māgadhī）とはマガダ地方の言葉という意味であり、アルダ（Ardha）は「半分の」という形容詞であるから、アルダ・マガダ語とはマガダ地方の言葉が半分混じった言葉と解することができるが、実際にはマガダ語に方言的な要素が加わった一種の混成語である。この言語はサンスクリット語でアールシャ（Ārṣa）ともいわれる。アールシャの意味は「ṛṣi（アルダ・マガダ語 isi ＝聖仙）の言語」であることから、開祖マハーヴィーラが使用した言語のことである。しかし、現存の聖典に見られる語形は古層のパーリ語よりも新しい段階を示しているものも多く、マハーヴィーラ時代の言語とはかなりの隔たりがあるといえよう。ただし、古層に属する詩節にはパーリ語に近い特徴が見られる。

音韻的な特徴を見ると、マガダ語において、①rはlに、②sはśに、そして、③男性名詞の単数主格-oは-eに取って代わられる。例えば、rāmo（rāma＝美しい）はlāmeになる。それに対してアルダ・マガダ語は、rとsを保持しているものの、男性名詞の単数主格-oはマガダ語と同様に-eとなる（ただし、偈頌を除いて-eはしばしば-oである）。また、パーリ語と同様に、母音にṛがなく、子音ではś、ṣを欠きsのみがある。例えば、mṛga（鹿）はmigaに、śāstra（経書）はsattha（パーリ語も同じ）になる。これが一般的なアルダ・マガダ語の特徴である。

ここにジャイナ教の言うところの「真のバラモンとは何か」という詩偈を『ウッタラッジャーヤー』から示そう。これはまた、仏教と同様な考え方でもある。

jahā pomaṃ jale jāyaṃ novalippai vāriṇā
evaṃ alittaṃ kāmehiṃ taṃ vayaṃ būma māhaṇaṃ（Utt. 25. 27）
水の中で成長した蓮が水によって汚されないように、そのように諸々の愛欲に汚されない人、彼をわれわれはバラモンと呼ぶ。

māhaṇa は、サンスクリット語の brāhmaṇa（バラモン）である。この発展過程（etymology）は以下のようになる。brāhmaṇa > bā̆m^{b}haṇa > bambhaṇa > bā(b)haṇa > bāhaṇa > māhaṇa.

④アルダ・マガダ語とパーリ語の関係

ところで、「③アルダ・マガダ語」の説明の中に出てきた sattha という語が、アルダ・マガダ語でもパーリ語でも同じであるように、これら二つの言語にはきわめて密接な関係がある。初期の仏教やジャイナ教には共通の特殊用語（術語）が数多く存在し、「②パーリ語」のところで触れたことではあるが、

ⓐジャイナ教の文献によって仏教の術語が理解できる

ⓑ仏教の文献によってジャイナ教の術語が理解できる

ものも少なくない。それぞれ実際の例を一例ずつ示してみよう。まず、ⓐを取り上げよう。

よく語源のわからないパーリ語に parissaya がある。parissaya の語源として、これまでジャイナ古層聖典に見られる parissaya / parissava（< サンスクリット語 parisrava）と仏教混淆梵語 pariśraya が提示

されている。しかし、これに加えてもう一つ可能な語源が考えられる。『スッタニパータ』の第九六五詩節の第四詩脚に、parissayāni が見られ、①虻《あぶ》、②蚊、③蛇、④人間、⑤四足獣という五種の phassa、さらにまた、病気、飢え、寒冷と酷暑の phassa、これらの phassa は parissaya であり、辺境の臥坐所《がざしょ》において修行者が征服すべき（abhisambhaveyya）もの、耐えるべき（adhivāsayeyya）ものと見なされている。

一方、初期ジャイナ教の聖典である『ウッタラッジャーヤー』の第二章において、二二の parīsaha（＜サンスクリット語 pariṣahā）が列挙されている。これら二二のうち、第三が「寒さの parīsaha」、第四が「暑さの parīsaha」、第五が「虻と蚊の parīsaha」であり、これらの parīsaha を耐え（titikkhe）、征服すべき（jine / -ejja）ことが説かれる。

ここに示された寒さ、暑さ、虻と蚊の parīsaha は、『スッタニパータ』第九六四～九六六詩節における「虻と蚊」の襲撃、並びに「寒冷」と「酷暑」に対応し、いずれも耐え、克服すべきものである。したがって、仏教における parissaya とジャイナ教における parīsaha とは同一概念であり、parissaya も parīsaha も「耐える」か「征服すべき」性質のものであり、『ダンマパダ』や『スッタニパータ』に現われる parissaya を parīsaha と置き換えて読んでも文脈によく適合する。それゆえ、parissaya ＞ *parīsaya ＞ *parīsa a ＞ parīsaha（-h- は euphonic glide）の音韻変化が可能となり（＊は仮定の語を指す）、parissaya ＝ parīsaha ということになる。

これはアルダ・マガダ語の助けによってパーリ語の語源を知りえた例であるが、その逆にパーリ語の助けによって未解決のアルダ・マガダ語彙を解決できるⓑの例を示してみよう。

種々の語源が挙げられているアルダ・マガダ語の動詞に āie がある。この語は『ウッタラッジャーヤー』第一〇章第二九詩節第三詩脚に、

mā vantaṃ puṇo vi āie（吐き出したものを再び飲むべきでない）（Utt. 10. 29c）

という形で見られ、これは、出家の生活を捨てて、世俗的な生活に再び戻らないことを意味しているのであるが、同様な意味をもつ句がある。すなわち、『ダサヴェーヤーリヤ』（Dasaveyāliya）第一〇章第一詩節第四詩脚の、

vantaṃ no paḍiyāyai [ie], sa bhikkhū（吐き出したものをとるべきでない、彼らは比丘である）（Dasav. 10. 1d)

である。paḍiyāyai のサンスクリット対応語は、①praty-ā-dadāti と②*praty-ā-dayati である。①と②を比較した時に、②がより信憑性がある。なぜならパーリ語に ādeti があり、これは ādiyati（/ *ādayati 口蓋音 y の前での母音の口蓋音化）からの派生である。すなわち *ādayati > ādeti > āyei である。

次に、なぜ paḍiyāyei が paḍiyāyai であるかの問題であるが、この詩偈の韻律は Aupacchandasaka であり、pāda d：ーーー∪∪|ー∪ー∪ーー が要求され、-āyei が -āyai となったことが読み取れよう。したがって *praty-ā-dayati > *praty-ā-deti > *paḍi-y-āyei / paḍi-y-āyai（m.c.）が可能である。

これらのことから、āie の語根は dā- であることが明らかになった。PTSの『パ英辞典』（s.v. ādiyati）は optative として ādiye を与える。したがって *ādiyet > āie が可能であり、āie は三人称単数

optative ということになる。

⑤仏教混淆梵語

仏伝物語、讃仏文学、それに譬喩文学などのほとんどは古典サンスクリット語で書かれている。さらに、それらよりも時代は下るが、仏教論書もパーリ語で伝えられたもの以外は古典サンスクリット語を用いている。これに対して比較的成立の早い北伝系の仏教典籍にのみ見られる言語がある。この言語がフランクリン・エジャートンによって命名された仏教混淆梵語（Buddhist Hybrid Sanskrit）と呼ばれるものである。

大乗仏教の文献がヨーロッパに初めて紹介された時、ヨーロッパ人学者たちは、写本に現われる言語が古典サンスクリット語と比較して、かなり文法に外れていることに気づいた。これは主として大乗経典の韻文の部分に特徴的に現われるため、はじめ偈頌（Gāthā）方言と名づけられたり、俗語の混じったサンスクリット語であるため、混成梵語（Mixed Sanskrit）とも呼ばれていた。しかし、スナール（E. Senart）による『マハーヴァストゥ』（Mahāvastu）が世に現われると、偈頌のみに使用されると思われていたこの言語が、散文にも使われていることが明らかになった。

フランクリン・エジャートンは長い年月を仏教文献の研究に費やし、仏教混淆梵語の研究に画期的業績をあげた学者である。仏教梵語と言えば、サンスクリット語が方言化したものと思われている。

しかし彼は、仏教混淆梵語と命名した理由を、「基礎となったであろうある地方語が、周辺の方言群、すなわち種々様々な中期インド・アリアン語と限りなく混淆して、不完全にサンスクリット化されたと見なされる言語である」と述べている。すなわち、長い年月の間に不完全にサンスクリット化された混成語（hybrid）と言うべきものである。この意味で、われわれが目にする仏教混淆梵語がどの地方の方言であるかは特定できない。

エジャートンは、仏教典籍を混淆化の度合いに応じて三つに分類している。まず第一のクラスは、散文も韻文もともに混淆の度合いが色濃く見られ、仏教混淆梵語で書かれた作品である。この中には、『マハーヴァストゥ・アヴァダーナ』（Mahāvastu-avadāna）がある。スナールによって出版される以前には仏教混淆梵語は韻文のみに現われると思われていたのであるが、スナールの校訂本が出版されたことで韻文と同一の言語的特徴が散文にも見られることが判明した。それまでは韻文は韻律の制限を受けるために仏教混淆梵語がサンスクリット化されずに残っていると理解されていたのであるが、散文にも自由に使用されているということが明らかになった。この意味で仏教混淆梵語研究に『マハーヴァストゥ・アヴァダーナ』は特別な重要性をもつと言えよう。ロート（G. Roth）の『ヴィクシュニー・ヴィナヤ』（Bhikṣuṇī-vinaya 比丘尼律《びくにりつ》）やジナナンダ（Jinananda）の『アビサマーチャーリカー』（Abhisamācārikā）もこのクラスに入る。初期大乗仏教を代表する般若経典類の中にも仏教混淆梵語で書かれた『仏母《ぶつも》宝徳蔵《ほうとくぞう》般若波羅蜜多経《はんにゃはらみったきょう》』（Prajñā-pāramitā-ratna-guṇa-saṃcaya-gāthā）があり、湯山明によって校訂されている。

次に第二のクラスであるが、韻文と散文がそれぞれ異なる言語体系のものである。つまり、韻文は第一のクラスと同様に仏教混淆梵語であっても、散文には中期インド・アリアン語の音韻論や形態論の特徴がわずかしか見出せない典籍類が含められる。しかし、語彙によって仏教特有のものであることが知られる。このクラスには、『法華経』(Saddharmapuṇḍarīka-sūtra)や『十地経《じゅうじきょう》』(Daśabhūmika-sūtra)、『無量寿経《むりょうじゅきょう》』(Sukhāvatī-vyūha)といった大乗経典が含まれる。仏教混淆梵語の音韻的な特色を見るために『法華経』の一詩節を引用してみよう。

upasaṃkramī loka-vināyakeṣu pṛcchanti dharmaṃ pravaraṃ śivāya
kāṣāya-vastāṇi ca prāvaranti keśāṃś ca śmaśrūṇy avatārayanti (SP 1. 21)

世間の指導者(ブッダ)たちのところに近づいて、彼らは安穏を求めて最上の法を尋ね、袈裟衣《けさえ》をまとい、髪と髭を剃り落とす。

「④アルダ・マガダ語とパーリ語の関係」のところで取り上げた口蓋音(palatalization)yの前での母音の口蓋音化(ādiyati / *ādayati)や、yの後での母音の口蓋音化(アルダ・マガダ語 hohii / hohī(future)はサンスクリット語 *hosyati(/ bhaviṣyati)> *hosyiti(yの後で a > i)> *hossiti > *hōsiti > hohiti(パーリ語)> hohii > hohī)などは、中期インド・アリアン語できわめて一般的な現象である。言い換えれば、中期インド・アリアン語に属するすべての方言で、口蓋子音の前後で母音の口蓋音化が見られるのである。したがって upasaṃkramī は、本来 upasaṃkramya と読まれていたが、口蓋音化が起こり、upasaṃkram(y)i となり、さらに韻律が Triṣṭubh であるため第五音節に長音が要求されるので upasaṃkramī（-ya ＞ -(y)i／ī）となったと見なすことができよう。もちろん upasaṃkramati の absolutive である。

第三のクラスは、散文と韻文に文法的な差異がほとんどなく、ともにサンスクリット化されている典籍が含まれる。われわれは使用された語彙によってのみ仏教混淆梵語的な言語現象を認めるのである。『波羅提木叉戒本《はらだいもくしゃかいほん》』（Prātimokṣa-sūtra）や『八千頌般若《はっせんじゅはんにゃ》』（Aṣṭasāhasrikā Prajñāpāramitā）、『楞伽経《りょうがきょう》』（Laṅkāvatāra）が代表的な典籍である。

この他に、密教経典に用いられた仏教混淆梵語があるが、この言語の中にはアパブランシャ語（Apabhraṃśa）の要素が随処に見られる。これは密教経典が作成された時代と、アパブランシャ語の発生した時代とが重なっているからである。

⑥ガンダーラ語

ガーンダーリー（Gāndhārī）とは、ガンダーラ地方の言語という意味である。古代ガンダーラ地方、すなわち現在のペシャワールを含むパキスタン北西部を中心とした一帯から、さらに中国の新疆ウイグル自治区までの広い範囲で用いられた中期インド・アリアン語の範疇に入る言語であり、紀元前三世紀から紀元後三世紀頃までの様々な方言的要素を含んでいる。このガーンダーリーという名称は、ベイリーによって提唱されたものであり、次の四種の碑文や文献に見られる。

①カローシュティー文字で書かれたシャーバズガリーとマンセーラのアショーカ王碑文
②コノーによって Corpus Inscriptionum Indicarum（Vol. 2, Part 1: Kharoṣṭhī Inscriptions, Calcutta 1929）に集録された碑文
③コータンで発見されたカローシュティー文字で書かれた仏教典籍 Dharmapada（ブラフによって Gāndhārī Dharmapada と命名された）の写本
④ニヤ地方の遺跡から発見されたカローシュティー文字の文書

この言語は年代的にも地域的にも広範囲に及んでおり、中央アジアにおける仏教伝播史の面でも特別に重要な意味をもっている。音韻の特徴として、ⓐ三種の歯擦音（ś、ṣ、s）を保存していることや、ⓑ他の中期インド・アリアン語では同化されている結合子音（tr、dr、kr、br、pr など）をかなり保存していることなどが挙げられる。

そして、コータン語やトカラ語をはじめとする中央アジアの諸言語に現われるインド語の語彙の中には、サンスクリット語からの借用語と並んでガンダーラ語に由来するものが少なくない。また、漢訳仏典に対してガンダーラ語の及ぼした影響ははかり知れないものがあり、特に注意を払う必要があるのは音写語である。ブラフは『長阿含経』がガンダーラ語からの翻訳であることを示唆している。彼がその根拠としているものの一つに śr ＞ ṣ の音変化があり、「沙門」（*ṣa-mən*）はガンダーラ語 ṣamaṇo（＜サンスクリット語 śramaṇa）からの音写であることがその例となる。

これまでパーリ語、アルダ・マガダ語、仏教混淆梵語、ガンダーラ語について個別に概説してきたが、最後にこれら四つの言語に並行詩節（下線部の単語に交替が見られる）があるので、各々の詩節を順に提示してみよう。そうすることによって、それぞれの言語の特徴を一瞥できるのではないかと思われるからである。

パーリ語としてⓐ『ダンマパダ』（Dhammapada）、アルダ・マガダ語としてⓑ『ウッタラッジャーヤー』（Uttarajjhāyā）、仏教混淆梵語としてⓒ『ウダーナヴァルガ』（Udānavarga）、ガンダーラ語としてⓓ『ガーンダーリー・ダルマパダ』（Gāndhārī Dharmapada）を例示する。

ⓐ yo sahassaṃ sahassena saṅgāme mānuse jine
ekañ ca jeyya-m-attānaṃ sa ve saṅgāmajuttamo（= -ji(t)-uttamo）（Dhp. 103）
もし人が戦いにおいて一〇〇万人を征服したとしても、
しかしただ自分自身を征服するならば、彼は実に戦いにおける最上の勝利者である。

ⓑ jo sahassaṃ sahassāṇaṃ saṃgāme dujjae jiṇe
egaṃ jiṇejja appāṇaṃ esa se paramo jao（Utt. 9. 34）

ⓒ yaḥ sahasraṃ sahasrāṇāṃ saṃgrāme dviṣatāṃ jayet
yaś cātmānaṃ jayed ekaṃ saṃgrāmo durjayaḥ sa vai（Uv. 23. 3）

ⓓ yo sahasa sahasaṇi sagani maṇuṣa jiṇi
eka ji jiṇi atvaṇa so ho sagamu utamu（GDhp. 305）

第三章　仏教誕生の背景

一　バラモン教の衰退

アーリヤ人がパンジャーブ地方に侵入し、その後も東へ進出するにしたがって、バラモンの権力はさらに増大していった。バラモン教はカースト最上位のバラモン階級によって樹立された宗教である。その担い手であるバラモン僧たちは祭祀を執り行なうことによって、ますます社会的優位を確固たるものにしていった。

先に触れたブラーフマナ文献は紀元前八〇〇年頃の成立と考えられている。それによると、神には二種類の神があって、一つは人間の幸不幸を司る神であり、もう一つの神はヴェーダに精通したバラモン自身であって、いわば人間としての神であると称したのである。

こうして紀元前八〇〇年頃にはバラモンは、クシャトリヤ以下の三階級を支配下に置くようになった。司祭者であるバラモンは、世俗的権力者である国王をも彼らの宗教的権力によって従属せしめ、社会の最上位に位置するようになっていた。

ところが、やがてこのような社会構造にも変化の兆しが見え始める。紀元前六世紀頃になると、彼らはガンジス河中流域に定住するようになる。そして、アーリヤ人と原住民の混血が進むにつれて、バラモンの伝統的慣習や宗教的儀礼を維持するのが困難になった。それに輪をかけて、農機具の進歩などによってもたらされた農産物の余剰生産は、経済機構の変革を生み出していくことになる。商工業の発展と小都市の興起である。それらの都市は次第に統合されて小国家を形成するようになり、さらにこれらの小国家は専制君主の支配する大国に統合されるようになって、ここに一六大国が誕生したのである。しかしそれらは、さらに五つの超大国に統合されようとしていた。

一六大国の中でも最も強力な超大国と言われたのは、中インド北方にあったコーサラ国であり、首都をシュラーヴァスティー（舎衛城《しやえいじよう》）に置いていた。もう一つは、ガンジス河南方に位置するマガダ国であり、首都はラージャグリハ（王舎城《おうしやじよう》）であった。これら二つの都市は、ブッダの布教の中心地となったところであり、マガダ国はやがて全インドを平定し、インド最初の統一王朝であるマウルヤ王朝を樹立することになる。

経済的に実権を握ったのは商工業者で、彼らは私有財産を保障し、交易の安全を確保してくれる強い国王を望んだため、王権も伸長し、国王が実権を握るようになったのである。また、彼らは都市での新しい生き方を求めて、バラモン教に代わる新たな宗教を待ち望んだのである。

このような状況下で、これまでバラモン教を支えていた氏族制農村社会が急速に崩壊していくことになる。農村社会の没落にともなって、社会の支配者としてのバラモンの絶対的地位は必然的に揺るぎ出し、ついには失墜した。この機に乗じて、バラモンに対峙し自由な思想を表明する新しい思想家たちが擡頭してきたのである。沙門《しやもん》（サマナ）と称され、六師外道《ろくしげどう》に代表される思想家たちである。これらの思想家を援助したのは、国王や新興の商人たちで、思想家が自由に自己の考えを表明できる思想的基盤を支えていた。このような精神的風土の中から、仏教やジャイナ教が誕生してくることになるのである。

二　六師外道

バラモン教は神を対象とした祭祀を重視する宗教であり、いかに神を讃歎し、その代償として人間の願いごとを叶えてもらうかという形態をもった宗教であった。そのため祭祀の複雑化と儀礼の重視にこだわり、人々の心を癒すこととはあまりにも隔たりが大きかった。

このような環境の下で、旧来のヴェーダ聖典の権威を認めない、言うなればバラモンの権威を否認する者たちが出現してきたのである。すなわち、これまでの伝統的な考え方にとらわれないで自由に自己の考えを表明する自由思想家、サマナ（沙門）の擡頭である。パーリ語のサマナ（samaṇa）のサンスクリット語形はシュラマナ（śramaṇa）で、「努力する人」がオリジナルな意味であり、遍歴する苦行者とか道の人とも解釈される。そして通常、サンスクリット語のシュラマナ、あるいはパーリ語のサマナの音写語が「沙門」と言われているが、上述のごとく「沙門」（*ṣa-muən*）はガンダーラ語samaṇo（＜サンスクリット語 śramaṇa）からの音写である。

沙門たちの中には、瞑想に耽り、苦行に専念する者もいた。あるいは奥深い山間に入って独居する者もおり、町や村を遍歴して托鉢《たくはつ》する者もいた。このような沙門の宗教は、従来のバラモンの宗教と完全に異質な宗教とは言えないまでも、その基盤は明らかにバラモン教と異なるものであった。非バラモン文化ないしは非アーリヤ文化と呼ぶにふさわしいものであった。

古い仏教聖典によれば、ブッダに先行する自由思想家の教説に、「六師外道説」とか「六十二見説」と呼ばれるものがあったことを記述している。外道とは仏教以外の思想家のことで、仏教の側からの呼び名である。他の宗教から見れば、仏教も外道の一つということになる。

外道は内道に対する語で、何か下劣な印象を受けるが、この原語はティールタカラ（tīrthakara）という「渡し場を作る人」の意味で、本来は彼岸への渡し場を作ることであるから、人々を彼岸に導く人である。ジャイナ教ではマハーヴィーラの別称でもある。したがって、軽蔑的な意味をもつ言葉ではない。恐らく仏教を篤く信ずる漢訳者が、仏教以外の教えを道理に背く考え（邪道）と見なして命名したように思われる。

例えば、『ディーガ・ニカーヤ』の『大般涅槃経《だいはつねはんぎょう》』（DN ii, 150）などの原始仏典では、六人の師匠、すなわちプーラナ・カッサパ、マッカリ・ゴーサーラ、アジタ・ケーサカンバリン、パクダ・カッチャーヤナ、サンジャヤ・ベーラッティプッタ、ニガンタ・ナータプッタの形容として、「サンガをもつ者、徒衆をもち、徒衆の師で、世間に知られ、名声があり、渡し場を作る人であり（宗派の開祖）、多くの人々に尊敬されている人たち」が、定型句的に用いられている。ところが漢訳経典になると、傍線部は「外道」と漢訳されている。

同じく『ディーガ・ニカーヤ』の『梵網経《ぼんもうきょう》』では、自由思想家の説を六二種に分類して示している。また、初期ジャイナ教聖典の『スーヤガダンガ』（Sūyagaḍaṃga）では、異端説を四種に大別し、この異端説に三六三種の見解があったことを述べている。しかしながら、『梵網経』や『スーヤガダンガ』では、それらの説を表明した人物の名を挙げて、彼らの思想を具体的に記述しているわけではない。それでも当時、バラモン教の祭祀に否定的な考えをもつ、自由な思想家が多数いたことの証左にはなるであろう。

仏教文献においても、経典によって六師外道の思想家の名とその人たちの主張とが多少異なっているが、これら六人の思想家は多くの弟子を引き連れて、大きな影響力をもった人物であったことを伝えている。『ディーガ・ニカーヤ』の『沙門果経《しやもんがきよう》』には六師外道の教説が詳しく述べられているので、これをもとに六師外道の思想を簡単に紹介することにする。ただ注意すべきことは、快楽主義者と思われる思想家ですら、苦行を行ない、生涯きわめて簡素な生活を貫き通したということである。

①プーラナ・カッサパ

彼の説は「行為を行なっても何の結果ももたらされない」という考え方に立っていた。人を傷つけたり、他人の手足を切断したり、苦痛や悲しみを与え、恐れおののかせたり、生きるものを殺し、与えられないものを盗み、強盗を働き、追剝ぎを働き、他人の妻と通じ、嘘をついても、常識的には犯罪に当たるこのような行為は罪とはならないという。

また、祭祀を行ない、布施《ふせ》を行なっても、それによって何の功徳もないという、いわば道徳否定論を展開したとされる。当時の世間一般で美徳と考えられていたことを否定したのである。すなわち、善悪の区別は人間が仮に定めたもので、相対的なものにすぎないという主張である。

②マッカリ・ゴーサーラ

マッカリ・ゴーサーラはアージーヴィカ教の代表的人物である。初期ジャイナ教聖典の『バガヴァイー』(Bhagavaī)は、彼がジャイナ教のマハーヴィーラの弟子となって、六年間裸形《らぎよう》で共に修行したことを記している。アージーヴィカは、「生活」というのが原意で、「生活に関する規定を厳密に守る者」を意味する托鉢遍歴者の教団であった。しかしながら、仏教やジャイナ教などの他宗派からは「生活を得る手段として修行する者」と貶称《へんしょう》され、漢訳仏典でも「邪命外道《じゃみょうげどう》」と訳され、悪い意味に受け取られている。

　この教団はブッダの時代とそれ以降、仏教やジャイナ教と並ぶ相当に有力な教団であったらしく、アショーカ王碑文にも仏教サンガ（Saṃgha）、バラモン（Bābhana）、ニガンタ（Nigaṃtha ジャイナ教）とともに、アージーヴィカ教の名称が列挙されている。

　彼の教説は、すべての生き物の運命については決定論の立場をとっていた。すべての呼吸するもの、生きとし生けるものが輪廻《りんね》を繰り返す生活をするのには、原因もなければ縁もない。すべての生命あるものに支配力もなく、意思の力もなく、運命と偶然、それに本来の性質とに左右されて、それぞれの生において苦と楽を享受する。それゆえ、人間がどんなに努力しても、その人の運命を変えることなどできはしない。そして、八四〇万劫《こう》もの間、愚者も賢者も流転し輪廻を繰り返し、やがて苦の終滅に至る。その期間の中で修行をしたとしても輪廻を終わらせることは不可能である。それはちょうど、投げられた糸玉が解きほぐされながら転がって、なくなるまで転がり続けるように、愚者も賢者も定められた期間が終わるまで流転し輪廻した後で、苦を終わらせることができる。

　彼の主張は、自己の意思によってどんなに努力をしたところで、自己の運命を変えることは不可能であることを説いているのであり、この意味で一貫した運命論、もしくは宿命論といわれる。

③アジタ・ケーサカンバリン

ケーサカンバリンとは、「毛髪で作られた上衣を着た者」の意味である。当時の苦行者の中には、このような風貌をした者もいた。彼は唯物論の立場に立って、ウパニシャッドで説かれるアートマン（普遍我）は存在せず、霊魂と身体とは不可分の関係にあり、人が死ねば霊魂も消滅すると主張した。

彼によると、自然界を構成している元素と人間を構成している元素とは同じものであり、地・水・火・風の四つの元素のみが実在し、常住である。そして、これら四つの元素の存在場所としての虚空の存在を考えていた。人間はこれら四つの元素からなるのであるから、人が死ぬと、人間を構成していた地の元素は、自然界の地の本体に帰るのである。同様に、水の元素は水の本体に帰り、火の元素は火の本体に帰り、風の元素は風の本体に帰る。そして、諸々の感覚器官は虚空に転移するのである。

人間は死とともに無に帰すのであって、肉体が滅びた後に独立して存在する霊魂などあるわけがなく、亡くなった人は火葬場に着くまで色々な言葉で讃歎されるけれども、屍が焼かれた後には灰色の骨だけが残り、供物《くもつ》も灰となる。愚者も賢者も自身の肉体の消滅によって、死後には何ものも存在しない。したがって、この世もあの世も存在しない。

さらに、布施をしたからといって、あるいは祭祀や供犠をしたからといって、それらは無意味であり、善・悪をなしてもその果報はないと主張する。仏教ではこのような考えを断滅論（『梵網経』DN i, 41）と言っている。

彼の説に見られるように、外道と言われる人たちの特徴は、バラモンの祭祀の否定と人間は元素の集合体であると考えているところにある。次のパクダ・カッチャーヤナの説も、人間は元素の集合体と見ている。

④パクダ・カッチャーヤナ

パクダは名前で、カッチャーヤナは種姓《しゅしょう》（gotra）を表わし、彼の教説はインドにおける唯物論の先駆思想と見なされる。それは『沙門果経』によれば以下の通りである。

人間の身体は七つの要素は集合要素、すなわち地・水・火・風の四元素と苦・楽・霊魂とから構成されている。これら七つの要素は作られたものでなく、作らせたものでなく、創造されたものでなく、創造するものでなく、何ものも生み出さず、山頂のように不動で、石柱のように安定して立っている。それらは動揺せず、変化せず、互いに他のものを害することなく、互いに他のものを楽ならしめることなく、苦ならしめることもない。

各個人はこのような集合要素から成り立っているので、一人の人が他の人を苦しめたり、楽しませたりすることもない。たとえ鋭利な斧の刃で人の頭を割ったとしても、斧の刃が諸要素の隙間を通ってその結合を分離するにすぎず、その人の生命を奪うことにはならないというのである。

パクダの七つの要素説は、道徳否定論かつ快楽論と見なされうる。旧来の宗教に縛られることなく、商人が巨額の利益を追求するようになると、都市が繁栄して快楽に耽る人たちが登場し、ある意味では道徳的退廃が見られるようになってきた。この背景には、パクダの七つの要素説やゴーサーラの宿命論が大きく影響していることは間違いないであろう。

宇宙や人間がいくつかの要素から構成されているという考え方は、後世インドでは積集説《しゃくじゅうせつ》と言われる。仏教やジャイナ教でも見られ、さらに発展して六派《ろっぱ》哲学《てつがく》のヴァイシェーシカ学派の哲学を生み出すことになる。

⑤サンジャヤ・ベーラッティプッタ

サンジャヤは個人名で、ベーラッタという種族の出身者（プッタ）という意味である。彼の弟子の中に、ブッダの十大弟子に数えられる舎利弗《しゃりほつ》（サーリプッタ）と目連《もくれん》（モッガッラーナ）がいたことはよく知られた事実である。彼ら二人は、ブッダが覚りを開いた翌年に王舎城に来た時、同門の弟子二五〇人とともにブッダの弟子になったため、サンジャヤは憤慨し、口から血を吐いて死んだと伝えられている。

舎利弗は智慧第一、目連は神通力第一《じんずうりきだいいち》として名声をはせるが、これは仏教がサンジャヤの懐疑論を乗り越えたところに出現した新しい宗教であることを示している。

では、懐疑論とはどのような教説であるかを『沙門果経』によって見てみよう。

マガダ国のアジャータサットゥ（阿闍世《あじゃせ》）王が、サンジャヤを訪ねて質問をしたところ、サンジャヤは次のように答えた、と王がブッダに述べている。

尊師よ、このように言われて、サンジャヤ・ベーラッティプッタは、私に次のように答えました。「もしあなたが私に『あの世は存在するか？』と質問したとするなら、もし私が『あの世が存在する』と考えるならば、『あの世は存在する』とあなたに答えるでしょう。しかし、私はそのようにはしない。その通りだと私は考えないし、それとは異なっているとも考えない。そうではないとも考えないし、そうではないのではないとも考えません。もしあなたが私に『あの世は存在しないのか？』と質問した場合も、同様に答えるでしょう。もしあなたが私に『あの世は存在し、かつ存在しないのか？』と質問した場合も、同様に答えるでしょう。もしあなたが私に『あの世は存在するのでもなく、存在しないのでもないのか？』と質問した場合も、同様に答えるでしょう。

〔また、もしあなたが私に〕『化生《けしょう》の生き物（過去からの業《ごう》によって生まれた生き物）たちは存在するか？』、『化生の生き物たちは存在しないのか？』、『化生の生き物たちは存在し、かつ存在しないのか？』、『化生の生き物たちは存在するのでもなく、存在しないのでもないのか？』〔と質問した場合も、同様に答えるでしょう〕。

〔また、もしあなたが私に〕『善・悪の行為に果報は存在するか？』、『善・悪の行為に果報は存在しないのか？』、『善・悪の行為に果報は存在し、かつ存在しないのか？』、『善・悪の行為に果報は存在するのでもなく、存在しないのでもないのか？』〔と質問した場合も、同様に答えるでしよう」。

もしあなたが私に『如来（タターガタ＝仏）は死後に存在するか？』、『如来は死後には存在しないのか？』、『如来は死後に存在し、かつ存在しないのか？』、『如来は死後に存在するのでもなく、存在しないのでもないのか？』と質問した場合も、もし私が『如来は死後に存在するのでもなく、存在しないのでもない』とあなたに答えるでしょう。しかし、私はそのようにはしない。その通りだと私は考えないし、それとは異なっているとも考えない。そうではないとも考えないし、そうではないのではないとも考えません」と。（DN i, 58–59）

これがサンジャヤ説の概要である。来世《らいせ》、化生の生き物、善悪の果報、修行完成者について、このように彼は曖昧な答弁をするだけで、決して確定的な返答はしなかった。そのため彼の説は、「鰻のようにぬらぬらしていて捉えどころのない議論」と言われ、また形而上学的な問題に確定的な知識を与えないことから一種の不可知論とも呼ばれた。

ところで、彼が曖昧模糊たる返答しかしなかったのは、なぜであろうか。恐らく、このような形而上学的な問題に対して断定した考えを述べれば、人々はそれにとらわれ、哲学的論争から逃れることができなくなり、目的であるところの解脱《げだつ》の妨げになると考えたからであろうと見なされている。この形而上学的な問題に対する判断中止の態度は、ブッダの「無記《むき》」にも影響を与えたと見られている。

⑥ニガンタ・ナータプッタ

ジャイナ教の事実上の開祖の名前は、ヴァルダマーナ（Vardhamāna）である。この意味するところは「繁栄する者」で、仏教聖典には六師外道の一人として、ニガンタ・ナータプッタの名前でしばしば登場する。ニガンタとは、束縛を離れた者という意味であり、ナータプッタは、ナータ族の出身者を表わす。漢訳仏典では、「尼乾《にけん》」、「尼犍子《にけんし》」などと音写される。大悟してからは、マハーヴィーラ（偉大な勇者＝大雄）の尊称で呼ばれている。

マハーヴィーラは、紀元前四四四年頃に商業都市ヴァイシャーリー北郊のクンダ村で貴族の子として生まれ、若くして結婚したが、三〇歳で出家し、一三年間の苦行の後、ジナとなった。

ジャイナ教とは、「ジナ（勝者）の教え」という意味である。ジナというのは、「煩悩というすべての敵に打ち勝った人」のことであり、当時のインドでは、修行を完成した人は誰でもジナとかブッダと呼ばれていた。したがって、原始仏教聖典（時には大乗仏典においても）では、修行の完成者はジナの呼称で呼ばれていることがある。反対にジャイナ教における修行完成者が、初期のジャイナ教聖典においてブッダと呼ばれることもある。しかし、後世、ブッダは仏教の開祖であるゴータマ・ブッダを指すようになり、ジナはジャイナ教の開祖であるマハーヴィーラを特定するようになった。

ジャイナ教は、仏教に匹敵するほどの膨大な資料が残されていることからもわかるように、正統バラモン教以外の二大宗教の一つとして仏教とともに発達し、今日にいたるまでインド文化に様々な形で大きな影響を及ぼしている。それゆえ、ジャイナ教には仏教と同程度の広範な研究領域があり、マハーヴィーラに関する資料も多数現存しており、簡単に概略を述べることは不可能であるが、ここでは『沙門果経』に伝えられたニガンタ・ナータプッタの所説について述べることにする。

マガダ国のアジャータサットゥ王が、ニガンタ・ナータプッタを訪ねて質問をしたところ、彼は次のように答えた、と王がブッダに述べている。

> 尊師よ、このように言われて、ニガンタ・ナータプッタは、私に次のように答えました。「大王よ、この世においてニガンタは四つの制戒からなる防御によって守られています。大王よ、ニガンタはどのようにして四つの制戒からなる防御によって守られているのでしょうか。大王よ、この世においてニガンタは、すべての〔業の流入を〕防御することによって守られ、すべての〔業の流入を〕防御することに努力し、すべての〔業の流入を〕防御することによって支えられ（dhuta = dhṛta）、すべての〔業の流入を〕防御することに従順です。このように、大王よ、ニガンタは四つの制戒からなる防御によって守られています。大王よ、実にニガンタは四つの制戒からなる防御によって守られているので、大王よ、このニガンタは、自己の完成者、自己の制御者、自己の確立者と呼ばれるのです」と。（DN i, 57）

この傍線部はきわめて難解で、パーリ文は次のようになっている。

sabba-vāri-vārito ca hoti, sabba-vāri-yuto ca,
sabba-vāri-dhuto ca, sabba-vāri-phuṭṭho ca.

vāri は「水」と解され、傍線部は、これまで「すべての〔冷〕水を禁じ、すべての水によって〔悪を〕制し、すべての水によって〔悪を〕除き、すべての水によって〔悪の制御に〕触れている」の意味にとられてきた。vāri を水と解すると文脈上、意味がはっきりしない。しかし、K・R・ノーマンは、vāri = vārana（防御）であることを示唆している。ここでは、ノーマンにしたがって傍線部のように訳した。

その理由は、ジャイナ教では、霊魂に業が流入すると、霊魂が上昇できずにさまよい、輪廻転生《りんねてんしょう》を繰り返すことになるので、業の流入を阻止（防御）することが重要になってくるからである。後ほど仏教と比較しながら順次説明していくことになるが、ジャイナ教では、霊魂を清浄《しょうじょう》にして上昇させ、肉体からも輪廻からも解放させるために、誓戒を守り自制することで新たな業の流入を阻止することと、苦行をし肉体を痛めつけて弱らせることで過去に形成された業を滅ぼすことの二つが必須とされる教義が整備されていった。

これは、開祖マハーヴィーラが裸で苦行したことと関連する。ジャイナ教の修行者が衣服をまとわずに裸でいるのは、衣服をまとうこと自体が霊魂を縛ることになると考えたからである。しかしながら、女性の修行者は白衣《びゃくえ》をまとっている。これは肉体の上に、さらに白衣という物質で覆うことになり、二重に霊魂を縛ることになる。それゆえ、女性は永遠に解脱できないことになるので、ジャイナ教においては、仏教以上に「変成男子《へんじょうなんし》」という観念が強かった。女性が解脱するためには、男子に生まれ変わって裸で修行することが必須となる。

これまで『沙門果経』に基づき、六人の自由思想家の所説を概観してきたのであるが、仏典では当然のこととして仏教の優越性が説かれる。『梵網経』によれば、これら六人の自由思想家の教説や六十二見説を乗り越えたところに仏教が興ったことになる。

第四章　出家修行者たちの実態

一　沙門の存在

『ディーガ・ニカーヤ』の『沙門果経《しゃもんがきょう》』は、仏教教団が確立した後の文献であると同時に仏教側の資料であることから、仏教びいきになり、沙門（サマナ）としての六師の説を必ずしも細部にわたって正確に伝えているとは限らない。しかし、アショーカ王碑文や初期の仏教聖典において、当時の修行者は「沙門・バラモン」（samaṇa-brāhmaṇa）と複合語で示され、沙門にはバラモンと同等の地位が与えられていたことを窺わせる。また、初期ジャイナ教聖典に三六三種の異端説があったと記されるほど、数多くの見解があったということは、沙門の力がバラモンに対抗できるまでに成長し、社会に大きな影響を与えるまでになっていたことの証しである。

とはいえ、バラモンの影響力も、いまだ無視できないほど、大きかったことは事実である。『ダンマパダ』や『スッタニパータ』などの最初期の仏典では、ヴェーダ文献に見られる司祭者としてのバラモンを直接指すのではなく、その意義内容を改変した理想的修行者、もしくは覚りをすでに得ている人の呼称としてバラモンを用いていることが多い。例えば、『ダンマパダ』第四〇一詩節と『スッタニパータ』第六二五詩節とは同一であり、次のように述べている。

水が蓮の葉に付着しないように、あるいは突き錐の先の芥子の種のように、諸々の愛欲に執著しない人、彼を私はバラモンと呼ぶ。(Dhp. 401 = Sn. 625)

第二章でも紹介したが、ほぼ同趣旨のことが初期ジャイナ教聖典の『ウッタラッジャーヤー』においても述べられている。

水の中で成長した蓮が水によって汚されないように、そのように諸々の愛欲に汚されない人、彼をわれわれはバラモンと呼ぶ。(Utt. 25. 27)

このように、バラモンの名を借りて理想的な修行者を表わしたことは、いまだバラモンの影響力を過小評価してはならないことを示している。

このことは、ギリシア人メガステネスが著わした『インド誌』(Ta Indika)の内容と伝えられる記述からも知られる。彼はセレウコス朝の使節として当時のインドに長期間滞在したのであるが、その記述によると、紀元前四世紀末のインドにおいて、バラモンと沙門の二派の哲学者が存在したという。バラモンの教義が沙門のものより確立していたため、バラモンは沙門よりも尊敬されていたことを伝えている。
ただし、メガステネスが言う沙門の中に仏教やジャイナ教が含まれていたかどうかはわからない。しかし、断食することによって自殺をしたり、裸体の哲学者が存在したことを述べていることから、沙門の中にジャイナ教が含まれていたのではないかと推測される。

われわれが知りたいことは、バラモンの社会的影響力に陰りが出てきた紀元前六世紀頃の宗教事情であり、バラモンに対峙する沙門が、より初期の段階で、根本的にどのようにバラモンと異なっていたかである。このことは、仏教の興起と当初の教説を理解する上で不可欠になると思われるからである。

そのためには、この時代まで遡れる直接資料はないにしても、最古層に属する仏典やジャイナ教聖典を手がかりに、ブッダやマハーヴィーラ在世当時の宗教事情を明らかにすることが大切となる。言い換えれば、当時のバラモンの宗教がどのようなものであり、何ゆえにこれまでの権威を失い、衰退に向かっていったか、人々が具体的にバラモン教のどのようなことに不満をもっていたか、その不満を解決しつつ社会の要請に応えるために、新たな沙門の宗教がどのような内容をもっていたかを知ることにほかならない。

二　沙門の実態

さて、ヴェーダ聖典に基づく社会的慣習と宗教的文化、すなわちヴェーダの伝統を否定する宗派の修行者を一括して「沙門」（samaṇa）と総称し、しかも、その代表が仏教とジャイナ教であることに異論はないであろう。

そこで、正統派のバラモン教に対峙する沙門の宗教の特徴を明らかにしている文献がジャイナ教聖典に見られるので、まずその一節を引用する。ジャイナ教の最古層に属する聖典の一つとされる『ウッタラッジャーヤー』の第一二章「黄色い髪をした者」（全四七詩節からなる。黄色い髪は不可触民の証しである）である。この章は、ジャイナ教聖典に保存された「沙門詩集」の中でも、最も興味深い作品の一つである。

ある時、ルドラデーヴァ（Rudradeva）という名のバラモンが、多くのバラモンを招待して祭祀を行ない、儀式が終わって、ご馳走を招待者に出した。まさに宴会が始まろうとしたその時に、バラ（Bala）という名の一人の沙門が、食を求めてその祭祀場に近づいてきた。この場面から第一二章は始まる。

1．シュヴァパーカ（チャーンダーラ＝不可触民）の家系に生まれ、最も高い徳を具えた聖者であり、感官を制御したハリケーシャ・バラ（Harikeśa-Bala）という名の比丘《びく》がいた。

2. 彼は歩行、乞食《こつじき》、会話、受・持、排泄の注意規定（サミティ samiti）において制御し、自制し、深い瞑想〔の具有〕者であった。

3. 彼は意を護り、語（口《く》）を護り、身を護った。また、感官を制御した。乞食のために彼はバラモンの祭祀場に近づいていった。

4. 苦行によって痩せ衰え、みすぼらしい風体をしてやって来る彼を見て、非聖人（ここではバラモンを意味する）たちは笑った。

5. 出生の自負（バラモンの家系に生まれればバラモンである）によって尊大であり、動物を殺害し、感官を制御しておらず、梵行《ぼんぎょう》（清らかな行ない）を実践していない愚かな人（バラモン）たちは、次のように言った。

6. 「ここにやって来る人は誰か。不吉な姿をし、色が黒く、歯が突き出ており、鼻がくぼんでおり、服がみすぼらしく、ピシャーチャ（Piśāca）族（人の血肉を食べる悪鬼。漢訳では、毘舎闍《びしゃじゃ》、毘舎遮《びしゃしゃ》と音写される）の生まれであり、首に汚れたボロ布を巻きつけている」と。

7. 〔バラモンたちはその比丘に言った。〕「おまえは誰か。そのように醜い姿をしたおまえは。何の希望があってここにやって来たのか。服がみすぼらしく、ピシャーチャ族のような奴よ、出ていけ。立ち去れ。なぜ、おまえはそこに立っているのか」と。

8. ここで、ティンドゥカ（Tinduka）樹の住人である夜叉《やしゃ》（Yakṣa 初期のジャイナ教や仏教では血肉を食する悪鬼の意味で用いられることが多いが、ここでは正法《しょうぼう》を守る善人の意味で用いられている）は、その偉大な聖者に憐れみを抱いて、自分自身の体を覆い隠して、〔比丘の代わりに〕これらの言葉を話した。

9.「私は沙門です。自制し、梵行を実践しております。私は財産もなく、料理することもなく、受納（所得）することもありません。乞食時に、他の人のために用意された食物〔の残り〕をいただきに、私はここにやって来ました。

10.あなた方にたくさんの食物が施与され、食べられ、味わわれた。私が乞食によって生活していることをあなた方は知りなさい。苦行者は残りものを受け取るのです」と。

11.〔バラモンたちは言った。〕「食事はバラモンたちに用意され、われわれ自身のため、もっぱらわれわれだけに用意された。われわれはおまえにそのような食物と飲物を与えないであろう。なぜ、おまえはそこに立っているのか」と。

12.〔夜叉は言った。〕「農夫たちは高地と低地に〔成長することを〕期待して、種子を蒔く。この同じ信をもって私に与えよ。実にこの田地は福徳を生ずるはずである」と。

13.〔バラモンたちは言った。〕「この世において蒔かれたものが福徳として成長する田地をわれわれは知っている。すなわち、〔高貴な〕出生と知識を兼ね備えたバラモンたちを。彼らは勝れた田地である」と。

14.〔夜叉は言った。〕「怒り、自負し、殺害し、嘘を言い、盗みをし、財産をもつ人たちは、〔高貴な〕出生と知識に欠けたバラモンたちである。彼らは非常に害悪な田地である。

15．ああ！　あなた方は、ただ言葉の重荷の運び屋にすぎない。あなた方は、ヴェーダを学んでも意味を理解しない。聖者たちは高きと低きとを遍歴した。彼らは非常に勝れた田地である」と。

16．〔バラモンたちは言った。〕「学匠たちの悪口を人に言いふらす奴、おまえはわれわれの面前で何を言うのか。この食物と飲物を消滅させてしまおう。われわれはそれをおまえに与えないだろう。ニルグランタ（束縛を離れた修行者）よ」と。

17．〔夜叉は言った。〕「サミティ（samiti）に専心し、グプティ（gupti）によって善く守られ、感官を制御した私に、もし私が求めるものを与えないなら、今日、あなた方は諸々の施食《せじき》に何の利益を得るであろうか」と。

ここまでで、バラモンの宗教とは異質な要素をもった沙門の宗教の存在を知ることができ、これら二つの宗教の根本的な立場の相違が読み取れるので、それらを簡潔に示してみよう。

①不可触民の生まれであっても、修行によって高い徳を具えた聖者となりうる。

②外貌は痩せており、糞掃衣《ふんぞうえ》をまとっている。

③遊行《ゆぎょう》の生活を基本とし、乞食によって生命を維持する。

④動物を犠牲にする祭祀を否定する。

⑤沙門は福田《ふくでん》である。

これら①～⑤の事柄は、ジャイナ教のみならず、初期の仏典にも述べられているものなので、個々に詳しく見ていこう。

①出生に関係なく聖者になりうる

まず、バラモン階級が長い年月維持してきた四姓制度（カースト制度）を無視する詩節が、仏典の『スッタニパータ』にある。

生まれを問うな。しかし、行為を問え。実に薪から火は生ずる。下層の家柄に生まれても、牟尼《むに》（聖者）として堅固であり、駿馬《しゅんめ》（立派な聖者）となる。（Sn. 462）

駿馬は立派な聖者の喩えとして用いられる。なぜ駿馬が聖者に喩えられるかと言えば、当時の社会環境がそうさせている。牛や馬は農耕にとってなくてはならない大切な存在であった。この他にも多くの詩節がそのことを物語っている。

人々の駿馬である方よ、あなたに敬礼《きょうらい》します。人々の最上の方よ、あなたに敬礼します。神々を含めた全世界のうちで、あなたに比べられる人はおりません。（Sn. 544）

神々を含めた世界の中で、人間の最上者と言われる、そのような聖者は駿馬とも讃えられ、次のようにも言われる。

内面的にも外面的にも執著の根源である諸々の束縛を断ち切り、すべての執著の根源である束縛から完全に解放されている人、そのような人が、まさに駿馬と呼ばれる。（Sn. 532）

ジャイナ教でも同様で、非常に博学な人が駿馬と見なされている。さらに、『ウッタラッジャーヤー』に、

在家生活に灯を見ない人たちは駿馬である。これらの勇者は束縛から解放されて、生命を望まない。(Utt. 11. 16)

とあるように、「駿馬」は「立派な人」の形容に用いられる。この駿馬に喩えられている勇者は束縛から解放されており、もはや再生することを願わないのである。

また、『スッタニパータ』(Sn. 137–141)には、不可触民の出身で「犬殺しのマータンガ」と名づけられた者が、多くの王族やバラモンから尊敬され、奉仕されていたことを述べている。そして彼は、卑しい出生が何の障害にもならずに、汚れを除き、大道を歩んで、梵(ブラフマン)の世界に至ったという。これに対して出生がよく、ヴェーダを読誦《どくじゅ》するバラモンであっても、行ないが悪ければ、現世《げんぜ》においては非難され、来世《らいせ》には地獄に生まれることになる。そして、次のように言われる。

生まれによって卑しい人となるのではない。生まれによってバラモンとなるのでもない。行為によって卑しい人となり、行為によってバラモンともなる。(Sn. 136 = 142)

また、『ダンマパダ』に、螺髪《らほつ》を結うことによってバラモンではない、と外形的な特徴だけではバラモンと見なされないことを説く。当時のバラモン階級は、一見してバラモンと認識できるように、髪を螺貝のように結んでいた。

螺髪を結うことによって、種姓《しゅしょう》によって、生まれによってバラモンではない。真理と法をつかんだ人は安楽であり、彼こそバラモンである。（Dhp. 393）

ここに示されているように、世襲によって、すなわち種姓や出自によって身分が決定されるのではなくて、真理と法をつかんだ人が真のバラモンにふさわしいと説かれるのである。そして、どのような行ないがバラモンたりうるかと言えば、意志が堅固であり、恥を知って慎み、そのように行なうならば、卑しい生まれは何の障害にもならないことを説示する。

さらに、「世の中で名前と種姓がつけられているのは、単なる名称であるにすぎない」とも説かれる。草木、昆虫、四足獣、爬虫類、魚、鳥といった生類《しょうるい》には、生まれに基づく特徴（種類）があるが、人間は生まれに基づく特徴が異なることはない。人間の間で区別があるのは職業の呼び名だけである、と仏教は説く。

ジャイナ教も同様に、種姓や出自によってその身分が決定されるのではなくて、行為の如何によって人の価値が決まるのである、と説く。『ウッタラッジャーヤー』に次のごとくある。

人は、平等によって沙門となり、梵行によってバラモンとなり、知によって牟尼となり、苦行によって苦行者となる。（Utt. 25. 32）

行為によってバラモンとなり、行為によってクシャトリヤ（王族）となる。行為によってヴァイシヤ（庶民）となり、行為によってシュードラ（隷民）となる。（Utt. 25. 33）

前半の詩節において、「サマナ」（沙門）を「サマ」（アルダ・マガダ語でもパーリ語でも「等しい」の意味をもつ）という形容詞から導き出すという、通俗語源解釈（Folk Etymology）をしている。「平等」ということは、すべての生き物に等しく振舞うことを意味する。一例を示してみよう。初期ジャイナ教聖典の『アヌオーガダーラ』（Aṇuogadāra）に以下のようにある。

私にとって〔殺害、死などは〕苦であって、好ましくないように、すべての生き物にとってもそのようである、と知って、殺しもしないし、殺させもしない。それゆえ、〔すべての生き物に〕等しく振舞う人、彼は沙門である。（Aṇu. g. 129）

このように、仏教もジャイナ教も、バラモン文化の中で培われてきた四姓制度を、共に認めない。出自のよさが尊いのではなく、人間の価値はその人の行為の如何にかかっているという表現は、沙門たちによる当時のどの宗教においてもなされていたようである。

②痩せて糞掃衣をまとっている

前項で見たように、バラモンの外形的特徴の一つとして螺髪が挙げられる。螺髪とは螺貝のように髪を結ぶことであり、一見してわかるバラモンであることの証しであった。これに対して、沙門と総称される修行者の外貌はどうであったかと言えば、初期ジャイナ教聖典の『ダサヴェーヤーリヤ』には、

内外の関係を捨て、家なき状態に入ることは、剃髪《ていはつ》して出家する〔ことである〕。（Dasav. 4. 18）

裸体であって、剃髪しており、長い身毛と爪を有し、欲望を鎮めた者に、どうして装飾品が必要

であろうか。(Dasav. 6. 65)

と述べられており、頭髪を剃っていたことが知られる。そして、一糸もまとわない「裸体」の修行者は、ジャイナ教の中でも空衣派《くうえは》(裸形派《らぎょうは》)に属しており、白衣派《びゃくえは》とは異なる集団である。さらに、ジャイナ教の特徴として、体毛を剃らないことや爪を切らないことが挙げられる。

仏教でも、例えば初期仏典の『テーラ・ガーター』に次のごとくある。

頭を剃り、外衣をまとった智慧に優れた長老ウパティッサ(舎利弗《しゃりほつ》)は、樹の根元で瞑想する。(Th. 998)

「剃髪し、異様な姿をして、罵られ、手に唯一鉢を持つのみで、家々に托鉢《たくはつ》せよ。偉大な仙人である師の言葉を遵守せよ」と、あなたは私を駆り立てたものである。心よ。(Th. 1118)

この剃髪は、バラモンのみならず人々に、不吉なものとして忌み嫌われていたようである。バラモンの犯罪者が死刑を宣告された場合、剃髪することによって許されていた事実がある。仏典にもあるように、頭を剃って異様な姿をしていたため、托鉢時に相当の迫害を受けたことも事実である。

服装については、ジャイナ教の空衣派のように、一糸もまとわない修行者もいたが、一般的には、首にボロ布を巻きつけただけの、みすぼらしい格好であったことが述べられている。仏典によれば、糞掃衣をまとっていたようである。糞掃衣とは、人々が不用になって捨てたボロ切れを、ゴミ集積所から拾い集めて作られた布切れのことである。このボロの布切れを洗い染めて着ていたのである。同じく『テーラ・ガーター』に以下のようにある。

思慮あり煩悩がない聖者アヌルッダ（阿那律《あなりつ》）は、ゴミ集積所から、ボロの布切れを選び取り、洗い染めて着た。（Th. 897）

托鉢によって得た残飯を食物とし、〔牛などの〕臭気ある尿を薬とし、樹の根元を臥坐所《がざしょ》とし、ゴミ集積所からのボロ布切れを衣服《えぶく》として、このことに満足している人、彼こそは四方の人である。（Th. 1057）

そして、どのようにして生命を維持していたかと言えば、右の詩節にあるように、托鉢によって得られた残飯を食物としていたのである。それも最小限の食事しかとらないことから、仏教やジャイナ教の修行者の外貌は、痩せて血管が浮き出ていたことが知られる。

糞掃衣をまとい、痩せて、血管が浮き出ていて、ひとり林の中にいて瞑想する人、彼を私はバラモンと呼ぶ。（Dhp. 395）

烏の足の関節のように痩せていて、血管が浮き出ており、食物と飲物の量を知っている人は、憂いのない心をもって行動すべきである。（Utt. 2. 3）

前の詩節は仏典（『ダンマパダ』）のものであり、後の詩節はジャイナ教聖典（『ウッタラッジャーヤー』）のものであるが、仏典にはこのジャイナ教の詩節にさらに類似したものがある。すなわち、『テーラ・ガーター』に次のごとくある。

手足がカーラー樹の結節のような人がいる。彼は痩せて、血管が浮き出ているが、食物と飲物の量を知っており、心の憂えることがない。(Th. 243)

この「カーラー樹」は、恐らくkālīとの混同であろう。カーリーは種々に解釈されるが、鳥であることには間違いなく、しかもそれは、黒い色の鳥、すなわち烏を意味しているのであろう。烏の関節はきわめて細いのであり、烏のようであるということは極端に痩せていることを意味している。血管が浮き出ていることも痩せた人に見られる特徴である。なぜ、このように出家修行者が痩せているかと言えば、次項で述べるように、彼らはあくまでも乞食による生活を営んでおり、最小限の食事を、それも午前中にしかとらないからである。

③遊行の生活を基本とし、乞食によって生命を維持する

沙門は生産活動をすることはなく托鉢を基本としている。比丘には托鉢に歩く時間も決められている。仏典の『スッタニパータ』に以下のようにある。

比丘は実に、時ならぬ時に歩き回るべきでない。しかし、正しい時に托鉢のために村を歩くべきである。というのは、執著は時ならぬ時に歩いている人につきまとうからである。それゆえ、覚者たちは時ならぬ時に歩くことはない。(Sn. 386)

そして、比丘は正しい時に食物を得て、一人で戻ってきて、ひそかに坐るべきである。身体をよく抑制して、内なる心を考えつつ、彼は心を外に放ってはならない。(Sn. 388)

正しい時というのは正午以前、すなわち午前中を意味する。これに対して時ならぬ時とは正午過ぎ、すなわち午後を意味する。比丘は午前中に托鉢して、正午を過ぎたら一切食物を口にしない。そして食べることも一人でするのである。

また、托鉢時に得たものがどんなものであっても、どんなに少量であっても蔑んではならない。他人の得たものを羨んでもならないし、自分の得たものを軽蔑すべきでない。他人（の得たもの）を羨むべきでないし、他人を羨む比丘は三昧《さんまい》（サマーディ）を得ることができない。同じく仏典の『ダンマパダ』に次のごとくある。

たとい得たものが少なくとも、比丘が得たものを軽蔑しないなら、怠ることなく清浄《しょうじょう》に生きる彼を神々も称賛する。（Dhp. 366）

さらに、乞食行を行なっても、必ずしも施食が得られるとは限らない。食物を得ても驕るべきでないし、得られなくても悲しむべきでないことをも教示している。

先に見た『ウッタラッジャーヤー』第一二章では、祭祀が終わってご馳走が並べられ、まさに宴会が始まろうとしていた時に、沙門であるバラがそこにやって来たのである。バラはそのみすぼらしい風体から、バラモンたちによって邪険にされ、追い払われようとした。この時のバラモンたちと、バラの代弁者である夜叉との対話は、双方の食事に対する態度の相違を明確に提示している。

バラモンたちは、「食事はバラモンたちに用意され、われわれ自身のため、もっぱらわれわれだけに用意された」と述べているように、祭式が終わればバラモンたちは食事の供養を受けることになっている。一方、沙門は家々を乞食して歩き、他人のために料理された残飯を施与され、それによってかろうじて生命を維持している。

『ダンマパダ』や『スッタニパータ』のような最初期の仏典には、「飲食《おんじき》に関して量を知り」、「衣食《えじき》の量を少量で満足すべき」、「飲食の量を知る者たる」、「わずか少量を食べ」、「種々の食物のわずかの量において」、「味わうためにわずかを」というような表現があり、これらはすべて、沙門が生命を支える最小限度の食事しかとらないことを示している。

沙門の出家修行者としての心得を簡潔に述べた詩節があるので、今ここに、『ダンマパダ』と『スッタニパータ』から一つずつ示してみよう。

罵らず、害せず、戒律に基づいて自制し、食事に関して適量を知り、寂しいところに一人臥し、坐し、高い智慧を求めて努め励む。これが諸々のブッダの教えである。(Dhp. 185)

正しい時に食物と衣服を得て、彼はここで満足するために、〔正しい〕量を知るべきである。これらのことに関して慎み、村において自制して歩き、彼は罵られても荒々しい言葉を発してはならない。(Sn. 971)

さらにまた、断食は、ジャイナ教に限らず、当時の沙門に共通した事象であったようであり、『スッタニパータ』においても、魚肉や獣肉を食べないばかりでなく、断食を勧めている。そして、極端な場合は断食によって衰弱した身体になることすらある。断食による死を勧めるのはジャイナ教が有名であるが、仏典の『ジャータカ』でも「断食による死」を認めているし、『ダンマパダ』でも、

裸形も、毛髪も、〔身体が〕泥にまみれることも、断食も、露地に臥すことも、（Dhp. 141ab）

と述べている。

ついでながら、沙門がどのようなものを食べていたかというと、粥汁、大麦粥、冷たい酸っぱい粥、大麦水で味のない食物、そして、冷えた食物、古い酸っぱい粥、くず米、かびた穀粒、なつめ、などである。

そして、味に耽溺であってはならないと戒めている。例えば、ジャイナ教聖典の『ウッタラッジャーヤー』には以下のようにある。

家において寝ない。少欲で、見知らぬ人から食を求める。欲望のない智慧ある人は美味なものに耽溺すべきでなく、悩まされるべきでない。（Utt. 2. 39）

要するに、沙門は屋根のある家に寝泊まりすることなく、正しい時（午前中）に乞食に歩き、自分のためではなく、他人のために用意された食を受け取る。また、遊行時において、施食を得られるか得られないかを心配せずに乞食しなければならない。そして、獲得された食物は決して貯蔵されてはならない。その上、味に耽溺することは決して許されない。粗末な最小限度の食事をすることによっ

て生命を支える。これが沙門の食に対する態度である。

④動物を犠牲にする祭祀を否定する

先に見た『ウッタラッジャーヤー』の第一二章第五詩節にあるように、バラモンは「出生の自負によって尊大であり、動物を殺害し、感官を制御しておらず、梵行を実践していない」。すなわち、バラモンの家系に生まれれば、誰でもがバラモンであり、社会の上層部に位置することが約束されており、その地位を維持するためには、動物を犠牲にする供犠や祭祀を実行することが必須であった。

この時に欠かすことのできないものが火である。火は供犠を行なう者が供物《くもつ》を神に運ぶためのものであり、この意味で人間と神との仲介者の役割を果たすものと考えられていた。この火を焚く供犠が密教に取り入れられて、護摩《ごま》(ホーマの音写)を焚く儀式となる。バラモン教と同様に、煙が供物を天の世界に運ぶので、功徳を積むことができると考えられた。

古代の人々が自然を支配する神々の存在を信じるのは当然のことであり、それらの神々にバラモンを介して祈禱し、現世における吉兆と安楽を願い、死後には神々の住む天に生まれることができ(生《しょう》天《てん》の信仰は古くからインドの民間信仰としてあったようである)、すべてが充足されることを求めたのは、きわめて自然な感情と言うべきであろう。その実現のために神酒と供物を捧げ、神々を讃えて歌い、祭りを行なったのである。

この供犠祭がどのようなものであったかを『スッタニパータ』などの最古の仏典は伝えている。馬の祀り（馬祠祭《めしさい》）、人間の祀り（人祠祭）、ソーマの祀り、擲棒《なげぼう》の祀り、無遮会《むしやえ》などである。馬祠祭とは馬を神に犠牲として捧げる祭典であり、大がかりな儀式で費用がかかるため大王のみが主催することができた。人祠祭とは人身御供《ひとみごくう》のことで、人間を神に捧げる祭典であり、ソーマの祀りとは神々に飲物を捧げる祭典である。擲棒とは祭式用具の一種であり、その木製の棒を投げ、棒の落ちたところに祭壇を作ってその祀りを行なった。無遮会とは誰に対しても供養する祭りであり、王が施主となって貴賤男女の区別なく平等に布施《ふせ》を行なった。これらの祀りを王に行なわせることによってバラモンは財を得ていたという。

このような供犠祭が行なわれていたことは、『スッタニパータ』よりも成立の遅い他のニカーヤに収録された経典にも伝えられている。例えば、『サンユッタ・ニカーヤ』の『供犠経』には次のごとくある。

修行僧たちはサーヴァッティー（舎衛城《しやえいじよう》）で托鉢していた時に、コーサラ国王パセーナディが大規模な供犠祭を準備しているのを目にする。五〇〇頭の牡牛、五〇〇頭の牡の子牛、五〇〇頭の牝の子牛、五〇〇頭の羊が生け贄として柱に縛られているのを見る。そればかりでなく王の下男や召使いたちが、自分たちもいつか処罰されるのではないか、と恐れながら準備をしていた。このことを修行僧たちがブッダに告げると、ブッダは次のように答えた。要約すると以下の通りである。

「これらの祭祀は、労多くして何の果報ももたらさない。ヤギや羊や牛が次々と殺されるが、そのような生け贄の場所に大道を行く仙人は近づかない。仙人が赴く場所は、ヤギや羊や牛が殺されることのない祭祀が行なわれる場所である。この祭祀を行なえば、大きな果報が得られ、幸福のみがもたらされる」と。(SN i, 75–76)

ブッダの言わんとするところは、バラモンの行なう供犠祭は無意味で徒労に終わるだけである、ということである。

このような野蛮な行為は、当然のこととして否定される。しからば、どのようなものが沙門たちにとって祭祀と考えられたかと言えば、決して牛を殺さず、米、臥具、衣服、バター、油を捧げることを祭祀と見なしていた。牛を殺さないことを強調するのは、先に紹介した駿馬と同じように、農耕生活になくてはならない存在だからである。沙門や当時の一般民衆は馬や牛を親兄弟と同じ仲間であると考えていた。また、牛からもたらされる五味、すなわち乳《にゅう》、酪《らく》、生酥《しょうそ》、熟酥《じゅくそ》、醍醐《だいご》があり、そればかりでなく牛の尿は薬としても用いられていた。

再び『ウッタラッジャーヤー』の第一二章に戻ろう。第三八詩節から章末の第四七詩節までは、正しい祭祀とはどのようなものであるかを説いている。ここでは第四四詩節までを取り上げる。

38.〔比丘は言った。〕「バラモンたちよ、なぜ〔聖〕火の世話をし、水によって外見の清浄を求めるのか。賢人たちは言う。『あなた方が求める外見の清浄は正しい祭祀ではない』と。

39. 朝夕にクシャ草、犠牲獣を繋ぐ柱、草、木、火、水に触れながら、生き物たちを傷つけつつ、愚かなあなた方は、再び罪を犯す」と。

祭祀を行なうには聖火を灯し、水で周りのものを清めるのであるが、これは正しい祭祀とは認められないし、犠牲獣を捧げる行為は罪であって祭祀とは言えない、と断罪しているのである。

40. 〔バラモンたちは言った。〕「比丘よ、われわれはどのように祭るべきか。どのように悪業《あくごう》を追い払うべきか。夜叉によって供養された修行者よ、われわれに話してください。賢人は何を正しい祭祀と言うのか」と。

41. 〔比丘は言った。〕「六種の生類を傷つけないで、嘘をついたり、与えられないものをとったりしないで、財産、婦人たち、自負心、欺きを捨てて、人々は自制を実践すべきである。

42. 五つの制御によって善く守られ、この世における生命を望まず、身体を捨て、清らかで捨身の人たちは、偉大な勝利、最上の施物《せもつ》を得る」と。

六種の生類とは地身、水身、火身、風身、樹身、動身のことであるが、いわばすべての生き物を意味している。これら六生類を傷つけることを止め、自制に努め、勝者（修行の完成者）になることが最上の施物を得ることになると説く。

さらに、この物語は真実の祭祀についての話に及んでいく。

43. 〔バラモンたちは言った。〕「あなたの〔聖〕火、火炉、柄杓《ひしゃく》、鞴《ふいご》は何ですか。比丘よ、あなたの燃料は何ですか。どのような献供をあなたは〔聖〕火に与えますか」と。

44.〔比丘は言った。〕「苦行は〔聖〕火であり、生命は火炉である。精進《しょうじん》は柄杓であり、身体は糒である。業は燃料である。自制、精進、寂静《じゃくじょう》を聖仙によって称賛された献供として私は与える」と。

苦行を聖火、生命を火炉、精進を柄杓、身体を糒、業を燃料といった具合に、バラモンの祭式に使用する用具を沙門の用語に個別に対比させ、献供は自制、精進、寂静に相当すると述べる。このように、バラモンに対抗して彼らの祭祀を認めず、自制者として最高の勝者の境地を目指す修行者たち、すなわち沙門が存在したことは事実である。

ジャイナ教は仏教以上に動物を殺害することを忌み嫌っていた。輪廻転生《りんねてんしょう》の観点から、自分が殺そうとしているものが、実は自分にほかならないというのである。しかし、初期ジャイナ教聖典、例えば『ウッタラッジャーヤー』は、沙門の中にも動物の殺害に無頓着な人たちがいたことを告げている。

「私たちは沙門である」と言いながら、野獣のように生き物の殺生《せっしょう》に無知な、そのような愚かな者たちは邪悪の見解のゆえに地獄に行く。(Utt. 8. 7)

とあり、生き物の殺害に無知であってはならないと説く。すなわち、この世に生きるものは動くものであれ、静止しているものであれ、それらのものに対して、人は心や言葉や身体によって罪深い行為をとるべきでないと教示する。したがって、『ウッタラッジャーヤー』第二四章の第二詩節にあるよ

うに、五つの注意規定（サミティ）が特に大切となる。すなわち、

①人、獣、車などによって歩かれた道を歩き、他の生き物を殺害しないように注意すること

②優しい、礼儀正しい、甘い、正しい会話

③四二種の過失によって汚されていない施物を乞うこと

④僧として修行に必要な事柄の受・持

⑤めったに人が通らない場所で排泄すること

である。

⑤沙門は福田

福田とは「幸福をもたらす田地」という意味である。先に見た『ウッタラッジャーヤー』第一二章の第一二～一七詩節において、真の福田とはどのようなものであるかについて述べている。

バラモンたちは、「高貴な出生と知識を兼ね備えたバラモンこそが勝れた田地である。勝れた田地に種を蒔けば、やがて多くの収穫をもたらすのと同様に、バラモンに施食を与えれば、施主たちに幸福がもたらされる」と言う。しかし、沙門を代弁する夜叉は、本当の福田は沙門であることを説く。なぜなら、バラモンは怒り、自負し、殺害し、嘘を言い、盗みをし、財産をもつ者であり、ヴェーダを学んだといっても真に理解していない。それゆえ、非常に害悪な田地である、と。以上が第一二～一七詩節の大意である。

しかしながら、勤労して生産活動をする人々から見れば、生産活動をせずにひたすら托鉢して歩く沙門は、怠慢な堕落した人々に映っていたにちがいない。仏道修行者の努力精励は、肉体労働にではなく、内面的な心の清浄へ向けられていた。『スッタニパータ』の第一章第四経「田を耕すバーラドヴァージャ」において、ブッダとバーラドヴァージャの対論の中に、そのことが詳しく説かれているので、要約してみることにしよう。

ある時、マガダ国の南山にある村で、田を耕すバラモンであるバーラドヴァージャが、食物を配給していた。そこへブッダがやって来て、食を受けようとした。

「それを見たバーラドヴァージャは言った。」「私は田を耕し、種を蒔いた後に食べる。あなたも耕し、種を蒔いた後に食べよ」と。

「ブッダは答えた。」「私も田を耕し、種を蒔いた後で食べる」と。

「バラモンは言った。」「あなたの軛《くびき》、鋤、鋤先、突き棒、それに牛も見ることができない。それなのにあなたは、『田を耕し、種を蒔いた後で食べる』とおっしゃる。（以上、経の散文部分）

そうであれば、あなたは農夫であることになる。しかし耕作しているところを見たことがない。われわれにわかるように、耕作しているということを話してほしい」と。（Sn. 76）

「ブッダは答えた。」「信仰が種である。苦行が雨である。智慧が私の軛と鋤である。謙虚が鋤棒である。心が〔縛る〕縄である。心に留めることが私の鋤先と突き棒である。（Sn. 77）

私は身体を護り、言葉を護り、食物について過食をしない。私は真実を守ることを草刈りとし、

柔和であることが〔牛の〕軛を離すことである。(Sn. 78)
精進は私の繋いだ牛であり、私を安穏の境地に運んでくれる。後戻りすることがなく、そこにたどり着いたならば憂えることがない。(Sn. 79)
このように私の耕作はなされる。それは不死の果実をもたらす。この耕作を行なって、人はあらゆる苦から解放される」と。(Sn. 80)

ブッダは実際に田を耕すことはないが、人々を幸福に導く教導を行なっているのであるから、農夫が耕作を行なって収穫を得ることに等しいのである。ブッダの教導は、人々を安穏の境地――これは涅槃《ねはん》であるが――に運ぶものであり、不死――これは甘露、または涅槃――の果実をもたらすものである。それゆえ、ブッダは福田そのものであり、次第にその福田の対象が拡大され、サンガに属する個々の修行僧に対する布施や供養が幸福をもたらす行為、すなわち福行と見なされるようになった。

⑥沙門の理想

以上、バラモンが長い年月をかけて形成してきた社会制度であるとか、社会通念といったものに反駁する出家修行者＝沙門の特徴を述べてきたのであるが、これらの人たちにはバラモンとは異なる理想像があったはずである。その相違は仏典の所々に散見されるし、ジャイナ教聖典の中にも見られる。

そのような状況の中で、仏教とジャイナ教に、沙門が理想としたものを窺い知ることのできる共通の内容をもつ作品がある。それら二つとは、仏教の『ジャータカ』の第五〇九話「ハッティパーラ・

ジャータカ」(象護本生《そうごほんじょう》)と、ジャイナ教の『ウッタラッジャーヤー』の第一四章「イシュカーラ王」であり、同一素材に由来した伝承と見なすことができよう。

これら二作品の主な相違点は、主人公であるバラモンの司祭の子供の数である。仏教作品では四人、ジャイナ教作品では二人である。それ以外はほぼ同じストーリーで、出家をテーマとしており、子供たちは皆、親に対して、病と老いとが常に人間を死の支配下に置いていることを強調する。そして、王に向かって、

「こうして二人が向かい合って立っている間にも、老・病・死が迫っており、放逸《ほういつ》であってはなりません」(Ja. No. 509, p. 479)

と言って、次々と出家してしまうのである。彼らは自分たちのみならず、司祭とその妻をも出家に導き、ついに王と王妃をも出家させてしまう。

今ここで、沙門の理想としたものを、ジャイナ教の作品によって検討してみることにする。なぜなら、仏教の作品は散文と韻文とが混じり合って、やや複雑な観を逃れられないが、ジャイナ教の作品は韻文のみで、出家の動機が明確になっているからである。

この物語の登場人物は、バラモンの司祭の二人の息子、司祭、その妻(ヤシャー)、イシュカーラ王、その妻(カマラヴァティー)の六人である。

二人の息子は感覚的享楽を回避して解脱《げだつ》を望み、父親の司祭に近づいて次のように言った。

7．「この人間の状態は恒久でなく、多くの障碍《しょうげ》があり、また寿命は長くないということを見て、それゆえ、私たちは家で悦びを得ません。私たちは挨拶して〔出家し〕、牟尼になるでしょう」と。

8．そこで、父は彼ら牟尼に苦行の妨げをなすことを言った。「ヴェーダを知る人たちは、息子たちのいない世界はないと言う。

9．息子たちよ、ヴェーダを学び、バラモンたちに食物を給し、子供たちを家に安住させ、婦人たちと享楽を楽しんでから、森に住む称賛される牟尼となれ」と。

父親である司祭は、跡継ぎである大事な息子を失うことを大いに恐れ、息子たちの出家を何とか食い止めようとして説得を試み、金銭を与え、愛欲という世俗の楽しみによって思いとどまらせようとするが、二人の息子は、さらに次のように言った。

12．「ヴェーダの学習は救いとはならず、バラモンに食を供することは闇から闇に〔あなたを〕導きます。また、生まれた子供たちも救いとはなりません。いったい誰があなたのその〔意見〕を認めるのでしょうか。

13．感覚的な享楽は瞬間だけの幸福でしかなく、長い時間の苦となり、過度の苦であり、小さな幸福でしかなく、輪廻から解脱するに当たっての敵であり、不幸の鉱床です。

14．愛欲を捨てないで歩き回り、昼も夜も哀しみ、食物の心配をし、財を求めつつ、人は老いて死にます。

15.『これは私のものであり、これは私のものでない。これはなされるべきであり、〔これは〕なされるべきでない』と、このように話している彼を略奪者たちは連れ去ります。これは何て愚かなことでしょう」と。

二人の息子は、感覚的な享楽は瞬時の幸福であり、輪廻から解脱する妨げとなる。そして、苦しみの人生を送り、ついには死ぬことになる、と言っている。二人の息子と父親との会話が、この後も順次繰り返される。第一六〜三〇詩節を要約すると以下のようになる。

［父］「この家で過ごせば、財産、婦人、親族を自由にできるから、わざわざ出家する必要はない」。

［二人の息子］「財産が何の役に立とうか。親族や愛欲が何の役に立とうか。それゆえ、私たちは多くの徳を具えた沙門となるため、出家する」。

［父］「何によって世間の人が苦しめられ、あるいは何によって囲まれているのか。あるいは何が空しからぬものと言われるのか」。

［二人の息子］「世間の人は死によって苦しめられ、老いによって囲まれている。夜は空しからぬものと言われる」。

［父］「在家生活を送った後に、われわれ夫婦は出家する」。

［二人の息子］「すぐに出家し、法を実践して、もはや再生しない」。

［父］「息子を失った人にとって家庭生活は無意味である。それはちょうど、枝のない樹木、翼のない鳥、家来のない王、商品のない商人のようなものである」。

さらに、この会話に母親も加わり、父親と同様に、

「世間の享楽を十分に楽しんだ後に出家しても遅いことはない。遊行は苦であるから、私と享楽を楽しんだ後に解脱を求めてはどうか」

と説得をする。しかし、息子たちの決意は変わらない。結局、まず父親である司祭が出家の決意をし、母親がこれに続き、ついにイシュカーラ王とその王妃までもが出家に導かれるのである。

父子の会話からわかることは、このバラモンは財産をもっており、豊かな世俗的生活を楽しんでいたということである。四つの生活階梯（四住期）が形成される以前には、人々は学生期《がくしょうき》と家住期という二つの住期に相当する生活をしていたようである。学生期を終えれば、家庭に戻り、結婚をして子供を儲け、家督を受け継ぎ、何不自由のない生活を送ることができた。

しかし、時代が下ると、子供が成長して家業を任せられるようになり、社会人としての義務を果たした後に、林棲期という住期が加わることになる。この住期では、梵我《ぼんが》一如《いちにょ》の真理を体得し、輪廻からの解脱を求めることが一般的であったようである。これは、ヴェーダの学習→在家の生活→年老いての出家というコースが理想的生活と見なされるようになったことを意味する。このバラモンが生きたのは、まさにこのような時代だったと言えよう。四住期については第六章で改めて触れる。

一方、息子たちの主張に窺えるように、沙門の理想としたものは、生・老・死の苦悩や悲惨さを実感したならば、すぐに乞食・遊行の生活に入ることである。死んで地獄や畜生に生まれ変われば、筆舌に尽くしがたい苦しみに襲われるからである。そうならないためには、出家者となり、解脱を得て、死から逃れ、再生しないことである。言い換えれば、この肉体が最後身となることである。

第五章　沙門（出家修行者）の呼称

一　代表的な名称

仏典には出家修行者を表わす呼称が数多く存在するが、ジャイナ教でも同じ呼称を用いる場合がきわめて多い。これらの並行関係にある呼称は、両者間で一方が他方から借用しているものもあるが、ほとんどのものは第三の宗教から借用したものであろう。すなわち、バラモン教から直接、あるいは当時の社会で大衆に影響力のあった他の宗教から借用したものであると思われる。代表的な名称を順不同に取り上げてみよう。

1．沙門《しゃもん》（仏教＝パーリ語：samaṇa／ジャイナ教＝アルダ・マガダ語：samaṇa）……「努力する人」が原義で、一般にはバラモンに対峙する修行者を意味し、漢訳では沙門と表わされる。

2．比丘《びく》（bhikkhu / bhikkhu）……「ビクシュ」（乞食《こつじき》する）という動詞からの派生語で、生産手段をもたずに他人から食を乞うので、「乞食者」と訳される。また、音写語として比丘が一般的に使われる。この語の女性形は「ビックニー」で、比丘尼《びくに》が用いられる。

3．遊行者《ゆぎょうしゃ》（paribbājaka / parivvāyaga, parivvāyaka）……「歩き回る」を意味する動詞「パリブラジュ」からの派生語である。定住することなく徘徊する人の意味で、遊行者と訳される。

4．出家者（pabbajita / pavvaiya）……世俗を離れた出家者の意味で、初期の段階において、この呼称「パッバジタ」は在家者に対する出家者というほどの広義に使われていたようである。「パッバジタ」はまた第二の生活階梯である家住期から第三の生活階梯である林棲期へ向かうこと、つまり家族（kula）のもとから家を出て森に住む生活に入ることの意味に解釈されている。

5．バラモン（brāhmaṇa / māhaṇa, bambhaṇa）……仏典で用いる場合も、ジャイナ教聖典の場合も、四姓制度（カースト制度）の最上位であるバラモンを意味するのではなく、意味内容を改変して「理想的な修行者」として用いられる。両宗教文献とも、バラモンとしての誕生よりも、理想的修行者へ向かっての努力の重要性を説いており、理想的な出家修行者をバラモンと呼んでいる。

6．牟尼《むに》（muni / muṇi）……古来、「沈黙する人」と通俗語源解釈されてきた語である。しかし、言語学的には動詞語根 man-（マン＝考える）から派生した語である。通常、修行を完成したと思われる立派な人を指し、聖者の意味で使われる。漢訳では音をとって「牟尼」と表わす。

7. 聖仙（isi / isi）……サンスクリット語で「リシ」（ṛṣi）。聖仙と訳されるが、「仙人」とも言われる。世俗との交わりを断って神通力《じんずうりき》がある人。

8. 阿羅漢《あらかん》（arahant / arahanta）……サンスクリット語 arhat は、動詞語根 arh-（価値ある）の現在分詞であり、本来、「人から供養を受けるに値する人」の意味である。漢訳においては「阿羅漢」と表わされ、「応供《おうぐ》」、「応真《おうしん》」と訳されている場合もある。原始仏教では修行道の四段階の最高位に到達した者、すなわち修行の完成者を意味する。しかしながら、『スッタニパータ』や『ダンマパダ』のような最初期の仏典においては、ブッダと同様に理想的な修行の完成者を表わしている。

9. 覚者（buddha / buddha）……「ブッダ」は、漢訳では仏陀、仏と表わされ、動詞語根 budh-（目覚める）の過去分詞形であり、「目覚めた人」、「覚った人」を意味する。後世、仏教においては歴史上の開祖ゴータマ・ブッダの呼称となるが、初期の仏典においては「目覚めた人」、「完全な智慧に到達した人」をブッダと呼んでいる。それゆえ、開祖ゴータマに限定されないので、しばしば複数形で示されている。初期ジャイナ教聖典でも同様に用いられ、開祖マハーヴィーラを指している場合もある。

10. 勝者（jina / jiṇa）……勝者とは、本来、「煩悩という敵に打ち勝った人」という意味で、修行を完成した人のことであるが、初期仏典において「勝者」がブッダその人を指していることがある。大乗仏教でも理想的な修行者を「勝者」と言う場合がある。ジャイナ教では開祖のマハーヴィーラを指して言う場合が多い。

11. 如来（tathāgata / tathāgaya）……「タター」は、「そのように」という意味で、真理を表わす。ただ、この複合語を、「タター」プラス、①「アーガタ」と見るか、②「ガタ」と見るかで解釈が異なってくる。①の場合は「真理からやって来た人」であり、②は「真理に赴いた人」の意味である。いずれにしても、修行を完成した人を指す。

以上の呼称は、ヴェーダに基づく社会的慣習と宗教的文化、すなわちヴェーダの伝統を否定する宗派の修行者を表わし、それらを一括して「沙門」（サマナ samaṇa）と総称している。そして、その沙門の代表が仏教とジャイナ教の修行者であることに異論はないと思われる。

そこで、次節では、仏教やジャイナ教の古層聖典に見られる「サマナ」という呼称の用例を示し、これらの修行者の特徴の一端を垣間見ることにする。

二　サマナ

仏典ではサマナ（沙門）は、比丘と同様に、バラモンとも同義に用いられている。

〔立派な衣服で〕飾ろうとも、平静に行ない、寂静《じゃくじょう》であって、調御《じょうご》し、自制し、梵行《ぼんぎょう》をなし、そして生きとし生けるものすべてに暴力を用いない人、彼はバラモンであり、サマナであり、比丘である。（Dhp. 142）

この『ダンマパダ』の詩節ではサマナは、真の修行者としてのバラモンや比丘と同義である、と説かれている。バラモンとは、本来、ヴェーダの宗教においては司祭者を意味し、四姓制度における最上位の階級の者であった。ところが仏典で用いられる場合は、意味内容を改変して、真の出家修行者を指す場合が多い。この詩節においても同様である。

経作者たちは、ウパニシャッドで説かれ、広く一般の聴衆たちに理解されている用語を巧みに仏教の用語としても使用している。つまり、バラモン教の用語であっても、広く流布して一般化している用語を、仏教の説法を聞く聴衆に用いているのである。

また、サマナは尊敬の意味でも用いられている。つまり、サマナ・バラモン（samaṇa-brāhmaṇa）と複合語で用いられる例があり、当時の社会においてバラモンと同等の地位を示していたようである。『スッタニパータ』に次のごとくある。

尊者ナンダが言った。「誰でもサマナ・バラモン（samaṇa-brāhmaṇa）たちは、見ることによっても、聞くことによっても清浄《しょうじょう》が得られると言います。戒や誓戒によっても清浄になれると言います。世尊よ、彼らはそのようなことに基づいて自制し修行して、生と老いとを超越したのでしょうか。世尊よ、あなたに尋ねます。それを私にお説きください」と。（Sn. 1079）

世尊は答えた。「ナンダよ。誰でもサマナ・バラモンたちは、見ることによっても、聞くことによっても清浄が得られると言う。戒や誓戒によっても清浄になれると言う。種々の方法によって清浄になれると言う。そのようなことに基づいて自制し修行していても、彼らは生と老いとを超越していない、と私は言う」と。(Sn. 1080)

これに続く詩節(Sn. 1082)によれば、ブッダの説いている意図は次のようである。サマナ・バラモンといわれる修行者たちが、すべて生と老いとに覆われているのではない。既存の見解(見ること)や学問(聞くこと)、戒や誓戒をすっかり捨て、妄執にとらわれることなく、心の汚れを除き去った、いわゆる煩悩をすっかり捨て去った人であれば、誰でもが「輪廻《りんね》の激流(洪水)を渡った」聖者である、と。

このことから、バラモン、あるいはサマナと呼ばれる修行者は、ブッダ(覚者)とは同格でなく、ブッダの教えのもとにある修行者であることが知られる。

ジャイナ教でもサマナは、比丘やバラモンと同義に考えられている。

〔意志が〕強い比丘は決して享楽の愛欲に陥ってはならないことが説かれ、この比丘はサマナと同義に解される。そして、この愛欲(bhoga-kāmin)とは婦人との交際を意味する。婦人の誘惑は離れがたく、それゆえ、出家修行者は婦人と同席してはならない。『スーヤガダンガ』の詩節を見てみよう。

「三昧《さんまい》と瞑想を止めてしまって、彼らは彼女たちと親密になる」と。それゆえ、サマナたちは彼らの魂の利益のために、婦人たちと同じ椅子に坐らない。(Sūy. 1. 4. 1. 16)

よく学んだ人でさえ婦人と接触することによって、解脱《げだつ》に達するという最終目的を放棄せざるをえなくなる。それゆえに、サマナは婦人に近づいてはならない、と説かれる。さらに、サマナあるいは比丘と呼ばれる者にとって解決すべきもう一つのことは、肉体的な快感である。この肉体的快感は多くの人にとって誘惑的であり、サマナにも繰り返し誘惑の手が忍び寄る。しかし、サマナたる比丘はそれを不都合なものとして嫌悪しなければならない。

また、世俗的布施《ふせ》の対象として、サマナとバラモンを同格に取り扱っている詩節が『ウッタラッジャーヤー』にある。

大きな供犠を捧げ、サマナ・バラモンに食物を供養し、施物《せもつ》を与え、自分自身〔世俗的な〕享楽を楽しんで、供犠を捧げて、それからあなたは出家することができるでしょう。(Utt. 32. 21)

バラモンは、仏教のところで言及したように、ヴェーダの宗教における司祭者を意味してはいない。ジャイナ教聖典に見られるバラモンとは、真の修行者としてのサマナと同義である。繰り返しになるが、サマナ・バラモンという複合語の用例は、サマナがバラモン社会におけるバラモンと同等の地位にあったことを窺わせる。

ここに示された「サマナ」の語は、総称としてのサマナではなく、出家修行者の一呼称としてのサマナである。すなわち、比丘、バラモン、牟尼などと同義語である。

さらに、仏教とジャイナ教それぞれに、通俗語源解釈からサマナの定義をしている詩節があるので、まず仏教から示そう。『ダンマパダ』に次のごとくある。

小さかろうと大きかろうと、悪をすべて静めた人は、諸々の悪を静め、滅ぼしたがゆえにサマナと呼ばれる。(Dhp. 265)

ここでは、諸悪を静めた人に、沙門の資格があることを説く。「沙門」(samaṇa)を動詞語根 sam-(サンスクリット語 śam-)から、音が似ていることにより導き出している。つまり、sameti(静める)、samitatta(寂静)から通俗語源解釈をしている。

また、『スッタニパータ』では、寂静にして悪を捨て、生死《しょうじ》を超越した人がサマナである、と説かれる。

寂静にして善と悪とを捨て、塵を離れ、この世とあの世を知り、生と死を超越した人、そのような人がまさしくサマナと呼ばれる。(Sn. 520)

あらゆる事柄に無関心であり、気をつけている。世間において何ものをも傷つけることなく、激流を渡り、濁りなく、傲慢さのないサマナ、彼は温和な人(sorata)である。(Sn. 515)

このように、サマナとは生死を超越した人、つまり涅槃《ねはん》の境地を得た人のことであり、覚者といわれるべき人である。「温和な人」も牟尼、あるいは日種族と同様、ブッダの敬称であった。したがって、このサマナは修行完成者としてのブッダを意味していることになる。

ところで、この覚者と見なされるサマナは、ブッダによって次のようにも定義される。すなわち、『スッタニパータ』に以下のごとくある。

疑いを超越し、悩みを離れ、涅槃を楽しみ、欲望なく、神々を含めて世界を導く。そのような人を覚者たちは、「道を知る人」という。(Sn. 86)

この世で最高のものを最高であると知り、ここで法を説き分別《ふんべつ》する人、疑いを断ち、貪愛《とんあい》に動かされないその牟尼を、彼らは比丘たちの中で、第二の「道を説く人」という。(Sn. 87)

善く説かれた法の言葉である道に生き、よく自制し、気をつけて、非難のない言葉を使用する人、彼を比丘たちの中で、第三の「道に生きる人」という。(Sn. 88)

これらはいずれも、一般修行者の概念を超えて、より高い実践的・内面的価値を志向している修行者を意味する。

続いてジャイナ教に移ろう。ジャイナ教聖典は外見的な姿、すなわち剃髪《ていはつ》をしているだけではサマナでないことを述べている。『ウッタラッジャーヤー』に次のごとくある。

人は、剃髪したからといってサマナではない。オーム(om)を唱えることによってバラモンでない。森に住むことによって牟尼でない。クシャ草で作られた衣類を着ることによって苦行者でない。(Utt. 25. 31)

それぞれ出家修行者の呼称であるサマナ、バラモン、牟尼、苦行者を同格に扱い、中身の伴わない外形のみの修行者を否定している。では、どうあればよいかと言えば、「平等によってサマナとなる」（Utt. 25. 32）と定義する詩節がこれに続く。第四章第二節の「①出生に関係なく聖者になりうる」のところですでに取り上げているので詩節の紹介は省くが、サマナ（samaṇa）をサマ（sama ＝等しい）から導き出すという通俗語源解釈をして、すべての生き物に等しく振舞うことを強調する。それは不殺生《ふせっしょう》戒《かい》を厳重に守ることにほかならない。例えば、『ダサヴェーヤーリヤ』に、

世間におけるすべての生類《しょうるい》、それが動こうと動くまいと、それらを知っていようといまいと、殺すべきでないし、殺させるべきでない。（Dasav. 6. 10）

とあるように、サマナはすべての生類に対して、絶対に危害を加えてはならないのである。生き物の殺害〔の禁止〕に無知な者、すなわち五大誓戒を守らない者はサマナとは言えないことを示している。

また、サマナにとって修行の妨げ、もしくは障害になるものとして、占相と所有が挙げられる。占相にどのようなものがあるかと言えば、体相占い、夢占い、肢分占いなどであるが、これらは、予言や呪術とともに解脱の障害になると説かれる。仏教も全く同様に占相をしてはならないと説く。サマナにとって占相、予言、呪術などは禁止されていたのであるが、実際にはそれらによって生計を立てていた出家修行者たちがいたことも知られている。

次に、財や親族や愛欲も障害となるものであって、涅槃を得るためには無益である。ジャイナ教は所有を厳しく戒めており、所有には財のような物質的なものばかりでなく、親族のような肉親も含められる。したがって、これらを放棄して乞食遊行することが沙門の実践道である。この実践道を通し

て沙門は多くの徳を具えるのである。

ここに示した用例はほんの一部にすぎない。それでも「サマナ」と呼ばれる出家者がどのような修行者であるかの一端を垣間見ることができた。また、サマナには、①修行者として未熟な段階にある者と、②高次な段階にある理想的な修行者の二種類があることも知りえた。

第六章　ゴータマ・ブッダ

一　様々な呼び名

仏教が、過去二千数百年にわたってアジアの諸地域の文化や思想に多大な影響を与えてきたことは周知の事実である。この仏教の開祖の名前は、パーリ語でシッダッタ（サンスクリット語：シッダールタ／漢訳：悉達多《しつだつた》）という。これは「目的を成就した人」という意味である。

ところで、南方仏教圏やヨーロッパの学者の間で使われている呼称は、ゴータマ・ブッダである。ゴータマの「ゴー」は、サンスクリット語で「牛」を意味し、そのゴーに最上級を表わす「タマ」が添えられ、「最良の牛」という意味をもつ。これが彼の所属する姓である。

われわれ日本人にとって、牛がかくも偉大なることの形容に用いられることは奇異に感じられる。

しかし、インド人にとっては、馬と同様に農耕の生活になくてはならない存在であるから神聖なものと崇められる。因みにインドの文学作品では、美人の形容にダチョウが用いられる。日本人から見れば、ぼろぼろの羽をしており、飛ばずに走る姿はお世辞にも美しいとは言えないが、生活様式や民族性の違いといったものであろう。

また、ブッダとは、修行の結果、真理を覚った、「覚者」あるいは「目覚めた人」のことを指す。これは仏教独自の用語ではなく、それ以前から修行の末に覚者となった理想的修行者に対する呼称であった。したがって、ブッダになることが修行者の理想とされ、完成すれば誰でもがブッダとなったのである。やがて仏教の隆盛とともに、他の覚者たちから区別するために、仏教の開祖である歴史的ブッダをゴータマ・ブッダと呼ぶようになった。

他方、漢訳仏典を用いる中国や日本では、「釈迦牟尼世尊《しやかむにせそん》」と呼ぶ。釈迦族（サンスクリット語：シャークヤ／パーリ語：サーキヤ）出身の聖者（ムニ）であることから、世尊という尊称をつけてこのように呼ぶ。また、これを略して「釈尊《しやくそん》」とも称する。日本では通常、「お釈迦様」と呼ばれることが多い。

この釈迦族出身のブッダは、父母の系統に関して出生が正しく、血統が純粋で他から非難されることがない由緒正しい人であると見なされている。

二　八相示現

さて、ブッダの生涯は古来、八つの重要な出来事に分類され、八相示現《はっそうじげん》とか、特に成道《じょうどう》を重視して八相成道と呼ばれている。八相とは、①下天《げてん》（ブッダが天界、兜率天《とそつてん》からこの地上に降りてくる）、②入胎《にったい》（摩耶夫人《まやぶにん》の胎内に宿る）、③誕生（王子としての誕生）、④出家（王宮から脱出して修行の道に入る）、⑤降魔《ごうま》（悪魔の誘惑に打ち勝つ）、⑥成道（覚りを開き、覚者となる）、⑦転法輪《てんぼうりん》（弟子たちに真理の教えを説く）、⑧入滅（肉体の死）の八つのすがたである。

八相示現のようなブッダの伝記は神格化されたもので、必ずしも史実を伝えていないことは言うまでもない。時代の経過とともにブッダの遺徳を偲び、ブッダの伝記を組織的にまとめた仏伝文学と称される一群の文献が作成されるようになる。

サンスクリット語もしくは仏教混淆梵語で書かれたものとして、『マハーヴァストゥ』（大事）、『ラリタヴィスタラ』（普曜経《ふようきょう》）が作成され、その後、『ブッダチャリタ』（仏所行讃《ぶつしょぎょうさん》）が美文体（カーヴィヤと呼ぶ）で叙述されるようになる。また、パーリ語で書かれた文献に『ジャータカ』（本生話《ほんじょうわ》）がある。これは、ブッダが前生において送った求道《ぐどう》の生活を物語風にまとめたもので、大小合わせて五四七話からなる。特に仏伝として大事なものは、序文の「ニダーナカター」（因縁物語）である。

しかし、これらの作品は、いずれも原始仏典に散在している記事をもととしており、しかもブッダが入滅して数世紀経過した後に成立していることから、ことさらブッダを超人化して鑽仰《さんごう》する内容となっている。ブッダの人間としての生涯を知るためには、これらの仏伝のもとになった原始仏典の中にその核心を求めざるをえない。

現在、われわれが手にすることのできる原始仏典は、ニカーヤ（阿《あ》含経《ごんぎょう》）とヴィナヤ（律）である。就中、ニカーヤの中の『スッタニパータ』と『ダンマパダ』、それに、ヴィナヤの「スッタヴィバンガ」（経分別）に叙述された断片的な記事が最古のものと見なされる。

では、ブッダはいつ頃どこで誕生し、どのような生活を送っていたのであろうか。

①下天

『スッタニパータ』に、ブッダが兜率天からこの世に降りてきたことを告げる記述がある。神々はアシタ仙人に対して、

「比べようもない妙宝である菩薩は、釈迦族のルンビニーの村落に生まれ、人々の利益・安楽のために人間界に下生《げしょう》したのである。このことにわれわれは満足し、非常に喜んでいるのである。

（Sn. 683）

彼は一切衆生《いっさいしゅじょう》の最上者、最高の人、人々の牡牛、生きとし生けるもののうちの最上者である。猛き獅子が猛獣に打ち勝って吼えるように、彼は仙人〔の集まるところ〕という名の林で法輪を転

ずるであろう」(Sn. 684)

と答えた。それを聞いたアシタ仙人は、菩薩(太子)にお会いしたいと思い、急いで三十三天界から人間界に降りてきた。このような記述である。

下生して人間界にやって来るという思想は一般化していたようである。仏典のみならずジャイナ教聖典でも、例えば『ウッタラッジャーヤー』に次のような詩節が見られる。

彼は天界から下生して、人間の生存にやって来た。〔五感を有する〕生き物における過去の知識が生じ、前世《ぜんせ》の記憶〔も生じた〕。(Utt. 19. 7)

兜率天は弥勒信仰《みろくしんこう》と結びついてよく知られており、弥勒はブッダの滅後五六億七千万年後に地上に降りてくることになっている。この信仰の特徴は、もし人々が弥勒に会おうとすれば、弥勒が兜率天から下生するのを待つか、あるいは待てない場合は死後兜率天に生まれることを願うというものである。

元来、兜率天はサンスクリット語のトゥシタの音写(?)であり、欲界の第四天を言うのである。この兜率天は菩薩が仏になる以前に最後の生を過ごす場所で、ここから地上に降りることになっている。伝説によれば、ブッダも白象《びゃくぞう》に乗って兜率天から下生して、摩耶夫人の胎内に宿ったことになる。ジャイナ教でも偉大な聖者が、天界(神が住む場所)から下生して王妃の胎内に宿る話が述べられている。一例を挙げると、『ウッタラッジャーヤー』の第一三章「チトラとサンブータ」に次のような話がある。バンバという名の王がいて、妃の名はチュラニーであった。サンブータという聖者は天界から降りて、チュラニー妃の胎内に宿り、やがて生まれてバンバダッタと名づけられたという。このように偉人の下天という考え方は、古代インドにおいて広く普及していたようである。

②誕生

古代インドには客観的叙述を目的とした史書が存在しない。「歴史なきインド」と言われる所以である。したがって、ブッダの生誕の年代を史実に基づいて正確に決定することが困難であったため、様々な説が伝えられている。彼が八〇歳で亡くなったことは、南方仏教の史伝などでは一致した見方であることから、入滅の年が確定できれば自ずと誕生の年がわかることになる。そのためブッダの入滅の年代を決定することが、学問的に仏滅年代論として、これまでヨーロッパや日本の学者によって試みられてきた。しかし、いまだ定説を見るにいたっていない。

この入滅の年代を今日のスリランカなどの南方仏教は、紀元前四八三年としている。一方、カシミール伝承では紀元前三八六年に比定している。インドやヨーロッパではスリランカの伝承に基づいてブッダの生誕年を計算している学者が少なくなく、日本の学者の中にはカシミール説を支持する学者が多い。ここではブッダの在世期間を論ずることが目的ではないから、世界の学界から最も学術的に採用されている中村元説を取り上げる。中村説によれば、ブッダの在世期間は紀元前四六三年から三八三年ということになり、ブッダの誕生は紀元前五世紀中葉ということになる。

ブッダの生まれた国カピラヴァストゥ（パーリ語：カピラヴァットゥ）は、ヒマラヤ山脈の裾野に位置する、コーサラ国の支配下にある小国であった。水と肥沃な土地に恵まれ、水田には稲が実り豊かな国であったという。太陽の末裔とされる釈迦族という種族の国であった。古代においては、太陽の末裔がその国を統治することが世界的に共通であったようである。日本でも天照大神《あまてらすおおみかみ》がそうである。釈迦族のスッドーダナ（サンスクリット語：シュッドーダナ）王は、東隣のコーリヤ国からマーヤー妃（摩耶夫人）を娶り、この二人の間に一人の男子が生まれた。これが後世、ブッダと呼ばれるシッダールタ太子である。

カピラヴァストゥとデーヴァダハの二つの都の中間に、ルンビニーと呼ばれるサーラ樹（アソーカ樹とも言われる）の生い茂る遊園があった。そこでは蜜蜂や鳥の群れが飛び回り、マーヤー夫人はここで休息しようと思いたった。一本のサーラ樹の枝をとったところ、急に産気づいて立ったままでお産をしたという。

太子は何の不浄物にも汚されずに、宝石のように光り輝いて母の右脇から誕生したと言われている。これは『リグ・ヴェーダ』のプルシャ（原人）讃歌を連想させる。というのは、この讃歌ではプルシャの両腕から王族が誕生したと歌われているからである。彼の第一声は、「私は世界の第一人者である……」であったという。この発声は、やがて玄奘《げんじょう》によって「天上天下唯我独尊《てんじょうてんげゆいがどくそん》」と叙述され、「ブッダは生まれてすぐに七歩歩いた」という表現と一対になって、ブッダの偉大さを強調したものとして一般に広く知られるようになった。

玄奘によれば、ブッダの誕生はヴェーサーカ（サンスクリット語：ヴァイシャーカ）月の後半の八日（中国の三月八日に相当する）、上座部《じょうざぶ》（南方仏教）によれば、ヴェーサーカ月の後半の一五日ということになる。日本ではブッダの誕生日は四月八日とされる。これは『太子瑞応本起経《たいしずいおうほんぎきょう》』巻上や『仏所行讃』巻第一などで、ブッダの誕生日を四月八日としていることによるものと思われる。しかし、二月八日とする経典もある。インドの暦ではヴェーサーカ月が第二の月に当たることから、二月八日と訳したためではないかと考えられる。

日本では、四月八日を「花祭り」、あるいは「灌仏会《かんぶつえ》」と言って、ブッダの誕生日を祝う仏事を行なう。種々の花々で飾った花御堂《はなみどう》を作り、その中に灌仏桶を置き、右手で天を指し、左手で地を指しているブッダ（誕生仏）を中央に安置し、柄杓《ひしやく》で甘茶をかける。御堂を花で飾るのは、ブッダの母であるマーヤー夫人が花の咲き誇る花園で太子を生んだことになぞらえている。また、甘茶を注ぐというのは、ブッダ誕生の時、九頭の龍が産湯に使ってもらおうとして、香油（甘露とも言い、不死を意味する）を吐いたという故事に基づいている。江戸時代以前は香水を使っていたらしいが、江戸時代になって甘露の意味で甘茶が使用されるようになった。甘茶は香水などと違って庶民には近づきやすいものであり、それだけに灌仏会は庶民の行事として浸透していったのであろう。この日は宗派に関係なく、寺院に行けば甘茶が振舞われる。

③ブッダ誕生にまつわる伝説

「①下天」のところで、アシタ仙人が太子（ブッダ）の誕生の日に三十三天界から降りてきて、太子に会うためにスッドーダナ王の宮殿に行ったことに触れたが、このことについてもう少し詳しく言及してみよう。『スッタニパータ』に次のごとくある。

相好《そうごう》（優れた身体的特徴）を見ることと、神呪《じんしゅ》（ヴェーダ）に精通しているアシタ仙は、この牡牛のような子を抱いて、身体をよく見回してから歓喜《かんぎ》の声をあげて、

「この太子は無上の人であり、人間の中で最上の人です」

と述べた後で、仙人は自分の行く末を案じて、急にふさぎ込み涙を流した。それを見た釈迦族の人々は心配して、

「私たちの王子に何か障りがあるのでしょうか」と言った。

釈迦族の人々が憂えているのを見て、

「私は王子に不吉の相があるのを想起しているのではありません。また、彼に障りはないでしょう。この人は劣ってはおりません。気遣ってあげてください。

この王子は最高の覚りに達するでしょう。この人は優れた清浄《しょうじょう》を見、多くの人々のために憐れみ、法輪を転ずるでしょう。彼の清らかな生き方は普く広まるでしょう。

しかしながら、この世における私の余命は幾ばくもありません。それ以前に私は死んでしまうで

しょう。私は比類のない人の教えを聞かないでしょう。それゆえ、私は悩み、悲嘆し、〔自分を〕憐れんでいるのです」(Sn. 690–694)

とアシタ仙は言って、釈迦族の人々に大きな喜びを与え、甥のナーラカに、この王子がブッダになった時には、ブッダのもとで清浄行を行なうように命じて、宮廷を去った。

これもブッダを鑽仰する表現ではあるが、ブッダ誕生の時の第一声と同様に、人間としてのブッダの人格を讃えているのである。

④バラモンの四住期

ブッダの出家について述べる前に、当時のインド社会において出家ということが、どのような位置づけにあったかについて触れなければならない。当時のバラモン中心の社会において、四種の生活階梯(アーシュラマ)が形成過程にあったようである。学生期《がくしようき》(梵行期《ぼんぎようき》ともいう)、家住期、林棲期、遊《ゆ》行期《ぎようき》の四階梯である。

『マヌ法典』(紀元前二〇〇〜後二〇〇年)によれば、四姓制度(カースト制度)の第四の階級である隷民を除く三階級、すなわちバラモン、クシャトリヤ、ヴァイシヤの人たちは、四つの生活階梯で人生を送ることが理想とされたのである。それら四つとは以下の通りである。

①学生期……ある一定の年齢に達すると、師匠のもとでヴェーダの学習をすることになる。この期間中は、師匠の家に住み込み、女性との性的関係をもたない清貧な生活を送らなければなら

ない。この意味で梵行期とも呼ばれる。

②家住期……学生期を終えると家に戻り、結婚をして子供を儲け、家業に専念し、家長としての義務を果たすのである。それと同時に様々な祭祀の施主とならなければならない。

③林棲期……息子に子供が生まれたならば、家督を息子に譲り、家を出て森に住居を移すことになる。夏には暑熱に身を焦がし、雨期には雨にさらされ、冬は樹皮を身にまとい、軽いものから重いものへと順次、苦行に専心する。

④遊行期……死後に不滅の果報（輪廻《りんね》からの解脱《げだつ》）を得ることを目的として、森林を遊行・徘徊するのみである。暖をとることも住む家もなく、托鉢《たくはつ》のために村に行くことがあるだけで、自ら死を願ったり生を望んだりすることなく、ただ死の訪れを待つのみである。

この四階梯からわかるように、林棲期と遊行期は、前二者の学生期と家住期とは明確に相反するものであり、現実の生活を放棄するところに特徴が見られる。しかしながら、ブッダやマハーヴィーラ以前にすでに四住期が確立していたと考えることはほとんど不可能のようである。四住期に関する一群のウパニシャッドの中で、四住期が明確な形で述べられているのは、ブッダの生存時代よりも遅く成立したものばかりである。

『法経』（Dharma-sūtra）と『法典』（Dharma-śāstra）は、家住期を最高の生活と見なし、ヴェーダの伝統を維持している。これに対し、四住期について述べるウパニシャッド群は、ヴェーダの宗教的慣習を否定し、遊行期を最高のものと見なしている。このことから、四住期に言及するウパニシャッドの時代になると、ヴェーダの伝統を否定して、学生期が終わると出家遊行する林棲者もしくは遊行者が現われたことを想定させる。このような社会的環境と、仏教やジャイナ教のような革新的宗教を成立させた社会的基盤とは緊密な関係にあったといえよう。

したがって、ブッダの時代には、出家者の中に、林棲者と遊行者の二種類が存在してはいたが、第一から第四階梯までまとまって組織化された四住期は、いまだ確立していなかったようである。いずれにしても、これら林棲者や遊行者と、沙門《しゃもん》と言われる出家者を成立せしめた社会的環境は共通なものであり、ブッダもこのような社会的慣習にしたがって出家したと見られている。

⑤出家の動機

太子（ブッダ）は、生誕後七日で母マーヤー夫人と死別し、その後は母の妹であるマハーパジャーパティーによって養育された。幼少の頃から感受性の強い繊細な神経の持ち主であったと伝えられるが、スッドーダナ王と養母マハーパジャーパティーのもとで、何不自由なく育っていった。父王は、太子のために寒さをしのぐ冬の宮殿、暑さをしのぐ夏の宮殿、それに雨期を過ごすための宮殿を設けたほどである。

そして、釈迦一族の中でも家柄がよく、気だての優しい美しいヤソーダラー（「名誉を保つ淑女」の意味）という娘と結婚をした。やがて二人の間に男子が生まれ、王家の繁栄の証しと見て、父王は大変に喜び、当時の社会的慣習（前出した出家という社会的風潮）にしたがって太子が出家することもないだろうと安堵したのである。しかし、意外にも太子は、わが子が生まれたことを「障りができた」と叫んだという。男児は「障り」という意味をもつラーフラ（Rāhula 羅睺羅《らごら》）と命名された。ブッダがわが子をこのように名づけたのは、最愛の肉親への愛情を断ち切るためだったと言われている。

何不自由のない生活を送っていた太子が、何ゆえに出家してしまったのであろうか。ブッダの出家について述べている最古の文献は、恐らく『スッタニパータ』の詩節であろう。眼のある人（ブッダ）がどのようにして出家したか、どれほど考え抜いた末に出家を決意したかを述べている。

「この在家の生活は障りのあるもので、塵の積もるところである。しかし、出家の生活は屋外の〔障りのない生活〕である」と見て、彼は出家した。（Sn. 406）

とあり、自分の子供をラーフラと名づけたように、ブッダは在家の生活を何かと煩いが多いものと見ている。

また、この時代にはマガダ国に代表されるように、強大な国と王権が擡頭するようになってきた。そこで、この王権や社会を支配してきたバラモン法の及ばないサンガやガナの共同体を新しく形成して、独自の教団法によって自治的に運営しようという意欲的な出家者たちが現われた、と見る学者もいる。言い換えれば、王権やバラモンの支配から逃れて自由な生活を求めたのが出家者たちである。

ところで、時代は下るが、『マッジマ・ニカーヤ』第二六経に、ブッダの出家から初転法輪《しょてんぼうりん》までを自叙伝風に叙述した『聖求経《しょうぐきょう》』がある。この経はブッダの覚りの核心を簡潔に伝えていると見なす学者もいる。内容はブッダの出家の動機、二人の師匠のもとでの修行、独自の覚り、梵天勧請《ぼんてんかんじょう》、五人の比丘《びく》への説法、五つの欲望から離れることを簡潔に叙述している。いわば、コンパクトな仏伝物語と言えよう。それによると、まず、ブッダは「聖なるものの探求」を修行僧たちに説く。

> ここにある人がいて、自らは生まれる者でありながら、生まれることに危難を知り、生まれることのない無上の安らぎである涅槃《ねはん》を求める。自らは老いる者でありながら、老いることに危難を知り、老いることのない無上の安らぎである涅槃を求める。自らは病める者でありながら、〔病めることに危難を知り、〕病めることのない〔無上の安らぎである涅槃を求める〕。自らは死ぬ者でありながら、〔死ぬことに危難を知り、〕死ぬことのない〔無上の安らぎである涅槃を求める〕。自らは憂える者でありながら、〔憂えることに危難を知り、〕憂えることのない〔無上の安らぎである涅槃を求める〕。自らは汚れる者でありながら、汚れることに危難を知り、汚れることのない無上の安らぎである涅槃を求める。（MN i. 163）

ここに説かれていることは、生《しょう》・老《ろう》・病《びょう》・死《し》の四苦に憂いと汚れを加えた、人間にとって避けて通れない六つの事柄を解決して涅槃を得ることであり、本経からは、このことがブッダの出家の動機の重要な部分を占めていたことが窺える。

このことはブッダの出家の動機を伝える仏伝『ラリタヴィスタラ』の「四門出遊《しもんしゅつゆう》」の物語を彷彿と

させる。この伝説はブッダの出家の動機を劇的な場面として描写しており、釈迦族の太子として何不自由なく暮していたブッダがなぜ出家したかを伝えている。それはこうである。

太子（ブッダ）が郊外の遊園に行こうとして、城の東の門から馬車で出て、その途中で腰の曲がったよろよろした老人を見る。そこで馭者に「あれは何か」と尋ねて、老人の存在と自分もやがてそのようになることを知るのである。そして、失意のうちに城に帰ってしまう。次に、南の門から出て病人を、西の門から出て死人を順次見て、老と病と死とが避けられないことを認識する。そして、最後に北の門から出て沙門を見、その清々しい姿に心を打たれ、出家の決意を固めたという。

人間にとって「老・病・死」の苦悩は避けて通れない大問題であり、ブッダはこの問題を解決するために出家という手段を選んだことになる。老・病・死は生を受けることによってもたらされる。したがって、生まれること自体が苦なのである。こうしてブッダは厳しい現実の認識から出発したのである。この物語は後世の粉飾になると思われるが、事実とそうかけ離れてはいないと見なすことができよう。

このように通常、ブッダの出家の動機は生・老・病・死の四苦にあると言われるが、後世、さらに怨憎会苦《おんぞうえく》、愛別離苦《あいべつりく》、求不得苦《ぐふとっく》、五蘊盛苦《ごうんじょうく》（五蘊執苦《ごうんしゅうく》）の四つを加えて、この上ない最も苦しい状態を四苦八苦とも言うようになった。

怨憎会苦とは、怨み憎む者に会わなければならない苦しみ、愛別離苦は、愛する者と別れなければならない苦しみ、求不得苦は、不老や物質的なものを求めても得られない苦しみを言う。五蘊盛苦とは、人間は、色《しき》（肉体）、受《じゅ》（感受作用で苦を避け楽を得ようとすること）、想《そう》（表象作用と言われ心に思い浮かべること）、行《ぎょう》（潜在的な意思作用）、識《しき》（行に基づく認識作用）の五つの要素、つまり肉体的および精神的諸要素が集合して構成されていると仏教は見ており、これを五蘊と言う。そして、五蘊のそれぞれが煩悩・執著を起こすもとであることから、苦しみが盛んに生じてくることを五蘊盛苦と言っているのである。

したがって、われわれ人間はこのような肉体と心をもつがゆえに苦から逃れることができない。このことは一見、人が生きていくことは苦しみの連続であると悲観的に見ているようであるが、そうではなく、煩悩や渇愛《かつあい》に心が占有され、そこから抜け出せないで苦しんでいる現実を直視しようとしたものと言えよう。

こう見てくると、ブッダが見なした「苦」はわれわれ凡夫《ぼんぷ》の苦とはかなり隔たったものであると言えよう。例えば、原始仏典の『サンユッタ・ニカーヤ』（SN iv, 259 ; v, 56）において、苦が三種に分類されている。苦苦性《くくしょう》（dukkha-dukkhatā）、壊苦性《えくしょう》（vipariṇāma-dukkhatā）、行苦性《ぎょうくしょう》（saṅkhāra-dukkhatā）の三つである。

苦苦性は肉体的苦痛を言う。手をナイフで切ってしまって痛いとか、暑くて我慢できない、反対に寒くて凍えてしまいそう、はたまた食べるものがなく空腹であるとかいうような、肉体にもたらされる苦痛のことである。また、壊苦性とはものが壊れることによってもたらされる精神的な苦痛である。例えば、今日の典型的な例になるが、バブルがはじけて大金持ちであった人が、一夜にして莫大な借金をしてしまうとか、楽しく過ごせた一家団欒が壊れてしまったというような、順境が逆境に変わることである。これらのことは、努力によって好転させることができよう。傷は手当をすれば治るし、寒ければ厚着をすればいいし、大損をした人でも裸一貫、一から出直すことも可能であろう。

しかしながら、行苦性は自分の努力で解決できる性質のものではない。この「行」の原語は、パーリ語で saṅkhāra（サンカーラ）である。この行という語は大変に難しい語で、例えば諸行無常《しょぎょうむじょう》と言う時の行であり、現象世界のすべてを意味する。「事象が移り変わる」、あるいは「生滅変化を免れない」と考えればさほど間違いではない。森羅万象は片時も同じ状態にはなく、移り変わるということである。自然はもとよりわれわれの肉体も移り変わっていくのである。若さを謳歌しても永遠に続くことはなく、必ず老いるのである。病にかかることも避けて通れないであろうし、寿命が尽きれば必ず死ぬことになる。こう見てくると、ブッダの出家の動機になったものは、生・老・病・死というこの行苦性の解決にあったと言わなければならない。

『サンユッタ・ニカーヤ』（SN i, 158）や『ディーガ・ニカーヤ』（DN ii, 157）に、諸行は実に無常である。
生起《しょうき》と衰滅を性質とするものである。
それらは生じては滅する。
それらの寂静《じゃくじょう》は楽しみである。

とあり、この行苦性の対極にあった世界が、生滅変化を免れた世界であり、ブッダはもはや輪廻転生《りんねてんしょう》のない解脱・涅槃の世界を求めて出家したことになる。

⑥死

特に死という恐怖は、どうすることもできない厄介な問題である。ブッダの出会った沙門たちは、〔生〕死の問題を解決しようと思い、心の安らぎと不滅の境地である解脱を求めて森の中で生活をしていたのである。ブッダが出家という道を選んだ理由もここにあると思われる。『スッタニパータ』の次の詩節群はこのことを端的に表わしている。

この世における死すべき命は、定めがなく、どれだけ生きられるか知ることはできない。それは痛ましく、短く、そして苦しみを伴うものである。（Sn. 574）

この世に生まれた人たちが、死なずに済む方策はない。老いては必ず死ぬ。実に、生あるもののことわりは、そのようなものである。（Sn. 575）

熟した果実には、いずれ落ちなければならないという恐怖が常にあるように、人にも、生まれた

ら必ず死なねばならないという死の恐怖が、常につきまとう。（Sn. 576）
陶工によって粘土で作られた器が、すべてついには壊れるように、死すべき命もそのようなものである。（Sn. 577）
若い人も年老いた人も、愚かな人も賢い人も、すべて死に支配される。すべてのものは、ついには死に至る。（Sn. 578）
彼らが死に征服されて、この世からあの世に去っていく時、父は息子を救えない。また、親族も他の親族を救えない。（Sn. 579）

これらは、次の詩節で要約されるだろう。

この命は短い。人は一〇〇歳にならないで死ぬ。たとえ誰かがそれ以上生きたとしても、その人は老齢のためにいつかは死ぬ。（Sn. 804）

第七章　禅定と苦行――ジャイナ教との比較

一　ビンビサーラ王との出会い

出家を決意した太子は父王に別れの挨拶をした。父王は、「出家するにはいまだ若い。この世の享楽を楽しみ、王家の繁栄を確実なものにしてから、出家しても遅くはない。だから思いとどまってほしい」と懇願するのであるが、これに対して太子は、四つの願い、すなわち死なないこと、病気にならないこと、老いないこと、不幸にならないことを叶えてくれるなら、出家を思いとどまってもよいという趣旨のことを述べている。

これは実現するはずもないことである。そして、夜中に起きた時、昼間は装飾品で美しく飾っている女性たちのあられもない寝姿を見て、人は表面的な美しさに惑わされてしまうと考えた。彼は馬丁のチャンナを起こし、愛馬カンタカとともに城を抜け出し、夜明けには、アノーマー河のほとりに到着し、チャンナと別れたと伝えられている。

仏教に限らず、ジャイナ教も、出家を望む息子に父親は、「この家で過ごせば、財産、婦人、親族を自由にできるから、わざわざ出家する必要はない」と諭すのであるが、息子は、「財産が何の役に立とうか。親族や愛欲が何の役に立とうか。それゆえ、私たちは多くの徳を具えた沙門《しゃもん》となるため、出家する」と言う。

両宗教ともその聖典に、「世俗の楽しみを享受して、それから出家しても遅くはない」と引き止める父親や家族の姿が、まず描かれている。これに対して、第四章第二節の「⑥沙門の理想」で紹介した父子の会話の内容からもわかるように、沙門の理想としたものは、生《しょう》・老《ろう》・死《し》の苦悩や輪廻《りんね》の悲惨さを実感して、すぐに出家し、沙門の生活に入ることである。

両宗教の聖典に類似した内容が述べられているということは、ブッダもマハーヴィーラも出家という当時の沙門の宗教的慣習にしたがっていたことを示している。

太子は、当時最大の王国であったマガダ国の首都、ラージャガハ（王舎城《おうしゃじょう》、現在のラージギル）に入った。マガダ国の王はビンビサーラであり、ブッダに最初の仏教寺院、竹林精舎《ちくりんしょうじゃ》を寄進《きしん》した人物として知られている。太子がラージャガハに来たのは、その周囲にある五山（法華経が説かれたところと言われる霊鷲山《りょうじゅせん》もその一つ）の一つ、パンダヴァ山には当時多くの沙門たちが住していたので、そこに行き、彼らとともに修行するためであった。『スッタニパータ』は次のように伝えている。

ビンビサーラ王は、托鉢《たくはつ》していく太子の堂々とした相好《そうごう》に心を打たれ、侍臣に彼の住所を突き止めることを命じた。侍臣から報告を受けた王は、自ら彼の住むパンダヴァ山に出かけていった。王は挨拶の言葉を交わした後で、彼に、

「あなたは若い青年である。人生の初めにある若者である。優れた美貌が具わっており、生まれ尊いクシャトリヤのようである。（Sn. 420）

象の群れを先頭とする軍隊の前衛を美しくして、私はあなたに享受するものを与えよう。それらを享受しなさい。私はあなたの生まれを問う。答えよ」（Sn. 421）

と尋ねている。そこで彼は、

「王さま、あちらの雪山《せっせん》（ヒマラヤ）の側面に正直な人々がいます。コーサラ国固有の住民で、富と勤勉さを具えています。（Sn. 422）

彼らは種姓《しゅしょう》を太陽の末裔といい、種族を釈迦族といいます。王さま、私はその家から出家しました。愛欲を望んではおりません。（Sn. 423）

諸々の愛欲に危難を見て、出家を安穏と見て、努め励むために私は行くでしょう。私の心はこれを楽しんでいるのです」（Sn. 424）

と王の申し出を断っている。

ジャイナ教聖典（『ウッタラッジャーヤー』第二〇章「偉大な離繫者《りけいしゃ》」）にも似たような話がある。ここではビンビサーラ王は、アルダ・マガダ語でセーニヤ（サンスクリット語：シュレーニカ）という名前をもち、マガダ国の支配者として述べられている。

セーニヤ王は、姿が美しく解脱《げだつ》・寂静《じゃくじょう》に達していて享楽に愛著《あいじゃく》しない聖人を見た。この聖人はジャイナ教の事実上の開祖、マハーヴィーラである。王はブッダに尋ねたように、マハーヴィーラにもほぼ同じ質問をする。

「若く貴い人なのに、あなたは出家している。自制者よ、享楽に興じる年頃なのに、あなたは沙門として身を置いている。直ちに私はそのことを聞きたい」（Utt. 20. 8）

と。そして王は、人間に生まれることは実に難しいのであるから、友人や親族と一緒に享楽を楽しめ。私には馬、象、人民、街、後宮があり、人間の享楽を楽しんでいる。あなたを十分に楽しませてあげよう、と提案するのである。しかし聖者は、自分にも王にも保護者がいない、と断るのである。そして聖者は、「保護者がいない」、あるいは「保護者がいる」ということの本当の意味を説いた。

その前に、人間に生まれることがいかに難しいかを、ジャイナ教聖典も仏典も等しく説いているので、これを述べてみよう。

ジャイナ教では、四つの得がたい貴重な事柄として、人間としての誕生（mānusatta）、ジャイナ教の聴聞（suī）、ジャイナ教の信仰（saddhā）、苦行に努め励むこと（saṃjamaṃmi vīriya）を挙げており、仏典の『ダンマパダ』では、

人間として誕生することは難しい。死すべき人に寿命があるのも難しい。真の教えを聞くことも難しい。諸々の仏が出現することも難しい。（Dhp. 182）

と説いている。

「保護者」の意味に話を戻そう。聖者がかつて大金持ちの息子であった時、ひどく悪い眼の病気にかかり、この上ない激しい苦痛にさいなまれた。しかし、医者が最善を尽くしても、苦痛を取り除くことができなかったし、父も母も、さらに兄弟・姉妹も彼の苦痛を取り除くことができなかった。また、妻も飲食《おんじき》をせず、沐浴もしないし、花輪で身を飾ったり香油を塗ることもせずに、ひたすら回復を祈っていたのであるが、彼の苦痛をどうすることもできなかった。それゆえ聖者は、「自分に保護者がいない」と言うのであった。

つまり「保護者がいない」というのは、自分自身の行為による結果（業《ごう》）として病がもたらされても、それを誰も救済することができないということである。ジャイナ聖典には、例えば『ウッタラッジャーヤー』に次のごとくあるように、

母、父、義理の妹、兄弟、妻、そして自分自身の息子たちは、私自身のカルマン（業）によって苦しめられる時、私を助けることができない。（Utt. 6. 3）

という趣旨の詩節がよく見られる。

終わりのない輪廻において、何度も何度も苦痛に耐えることはとても難しい。だから出家して自分と他の生き物たちの保護者になった、と述べている。その後、仏典のビンビサーラ王が出家したとは述べられていないが、ジャイナ教聖典のセーニヤ王は、

かの獅子のような王は、最も高い帰依心《きえしん》で獅子のような出家者をこのように称賛して、妻や召使いや親族を伴って、清浄《しょうじょう》な心で法に身を委ねる者になった。(Utt. 20. 58)

と叙述されている。

二　二人の仙人

当時は修行法に二つの方法があった。一つは禅定《ぜんじょう》(瞑想)であり、もう一つは苦行であった。禅定はデュヤーナ(dhyāna)、サマーディ(samādhi 三昧《さんまい》)、ヨーガ(yoga 瑜伽《ゆが》)という語で表わされ、精神統一を図るもので、インドの宗教では古い起源をもつものである。しかし、六師外道《ろくしげどう》に代表される大方の出家修行者たちは、苦行(タパス tapas)を選択していたようである。ブッダは、はじめは禅定によって解脱に到達することを望んだようである。禅定によって深遠《じんのん》な境地に達している、と評判の高かった二人の師を尋ねて修行したことが、前出の『聖求経《しょうぐきょう》』に詳しく述べられている。

二人の師匠のもとでの修行についてのパラグラフでは、ブッダが聖なるものを求めて出家し、二人

の師を尋ねて修行することが述べられている。年若く髪も黒く、青春を謳歌すべき人生の初期に、父母の制止を聞かずに髪と髭を剃り落とし、黄色の衣をまとい、善なるもの（一切知）を探求し、優れた寂静の道（santivarapada＝涅槃《ねはん》）を求めて出家した。

まずアーラーラ・カーラーマを訪ねた。アーラーラ・カーラーマから「何ものも所有していないという境地」（無所有処定《むしょうしょじょう》）を体得したが、次のように考えて彼のもとを去った。

「この教えは厭離《おんり》することに導かない。離貪《りとん》することにも導かない。滅尽することにも導かない。寂静にも導かない。証智にも導かない。正しい目覚めにも導かない。涅槃にも導かない。『何もないという境地』に達するのみである」と。（MN i, 165）

次に訪ねたウッダカ・ラーマプッタのもとで、「想いがあるのでもなく、ないのでもない、偏りのない平等安静な境地」（非想非非想処定《ひそうひひそうしょじょう》）に達したが、飽き足らず、アーラーラ・カーラーマのもとから去ったのと同じ理由で、ウッダカ・ラーマプッタのもとを去った。つまり、二人の師匠から教わった禅定では解脱に至らない、と退けたのである。

しかしながら、この時は否定されたにもかかわらず、初期仏教では無所有処定と非想非非想処定は、ブッダの成道《じょうどう》後に涅槃への階梯として、四無色定《しむしきじょう》の第三、第四に組み込まれている。さらに、四無色定の前段階として四禅定があることから、より高次の第七、第八に相当している。こう見ると、ここでいう無所有処定と非想非非想処定は、四無色定に含まれるものと同じものであるかどうかは定かでないことになる。もともと四無色定は、輪廻から逃れる方法として外道の教えの中にあったものであるが、そのことを認めて同じものであるとしてしまうと、ブッダが外道の師の指導によって覚りへ導かれたと表明することになり、適切でないという意図が働いて、ここでは否定されたと見ることもできよう。

最初期の仏教では、解脱への道の一方法として、無所有処定の原形になったと思われるものを、素朴な表現で次のように説いている。

ウパシーヴァよ、無所有を考えながら、気をつけて、「何も存在しない」と信じることによって〔輪廻の〕激流を渡れ。諸々の欲望を捨てて、諸々の〔悪い〕会話を離れ、昼も夜も渇愛の消滅を観よ。(Sn. 1070)

この『スッタニパータ』の詩節によれば、自分は何ものをも所有せず、じっと心に思い、何ものも存在しないと信じることによって、しかも昼夜を問わず、渇愛という欲望を断絶することに専念することによって輪廻を断つことができるのである。

また、非想非非想処定については、

想を想う者でもなく、想を誤って想う者でもなく、想のない者でもなく、想を消滅した者でもない。このように理解した者の形態は消滅する。というのは、障碍《しょうげ》(煩悩)は想いに基づいて起こるからである。(Sn. 874)

と説いている。煩悩というものは、すべて想念から起こるのであるから、想いを超越した安静な境地こそが涅槃への道であることを教示している。

三　苦行

二人の仙人のもとを去ったブッダは、ラージャガハからガヤーに向かった。そして、ネーランジャラー河畔のウルヴェーラー村の森に入っていった。この森には多くの苦行者が住しており、ブッダは彼らとともに苦行を行なうことで、解脱に至ろうと考えたのである。

彼らは、老いや病や死といった苦しみの原因となるものが、断ち切りがたい煩悩によるものと捉え、それを断ち切るために苦行という手段を選んで修行をしていた。止息や断食などで肉体を極度に苦しめ、体力を減退させることによって精神の自由が得られる、と彼らは考えていたからである。

ここでブッダは、かつての修行仲間であった五人の比丘《びく》と出会い、彼らとともに苦行に励むこととなった。

原始仏典の『マッジマ・ニカーヤ』（MN i, 77–79）によれば、難行苦行として、まずブッダは、一日に一食、二日に一食、七日に一食、半月に一食といったように、時と回数を定めた食の修行を実践している。魚や肉を食べないし、穀酒や果実酒を飲まない。時には牛糞を食べることもあり、木の根や落ちた果実で生命を支えている。このような食の修行や断食によって、現在、パキスタンのラホール中央博物館にある釈迦苦行像のように、眼はくぼみ落ち込み、骨と皮だけになってしまった。

糞掃衣《ふんぞうえ》はもとより、死体にかかっていた布、髪の毛を織った布、馬毛や梟の羽の衣も着る。頭髪と髭を引き抜く修行、長い時間、直立したままや、しゃがんだままでいる修行に専念し、棘の上に臥すことも行なう。頭髪を抜くのは、髪の毛の中にいる小さな生き物を知らないうちに殺さないためである。ジャイナ教は仏教以上に不殺生《ふせっしょう》を徹底していて、空衣派《くうえは》（裸形派《らぎょうは》）の人たちは今でも頭髪を抜いており、完全なつるつる頭である。ここで紹介する苦行は、ジャイナ教でも同様に行なわれていた。

木の皮は長い年月が経過すると苔皮になるのと同じように、ブッダの身体には長年にわたって塵・垢が積もって外皮となっている。自らが他人に願い出てこの塵・垢を擦り落としてもらうことも無かった。

遠離《おんり》の修行もある。森において牛飼いの者、家畜の番人、草を採る者、薪を採る者、樵を見てはいけないし、彼らに自分を見せてもいけないので、森から森へ、藪から藪へ逃れなければならない。それはちょうど森にいる鹿が人間を見ると、森から森へ、藪から藪へ逃れていくのと同じである。

また、大汚物食者でもある。例えば、牛糞を食べることもあれば、自分の尿と大便をも食べる。雪の降る寒い夜でも野外に、昼間は森の茂みに住する。さらに、墓場で骸骨を枕にして寝る。牛飼いの若者たちに唾をかけられたり、放尿をされたり、芥《あくた》を投げ捨てられたり、耳の穴に篦《へら》をさし込まれたりもするが、じっと耐える。

極めつきは、『マッジマ・ニカーヤ』第三六経『大薩遮経《だいさつしやきよう》』に現われたブッダの身体的変化である。

呼吸をしない禅定をしようとして、口と鼻から息を吸ったり吐いたりすることを止めた。耳管から出る風の音はものすごく大きく、それはまるで鍛冶屋の鞴《ふいご》が発する轟音のようであったし、鋭い刀剣が頭を突き刺すかのようでもあった。また、革紐で頭にターバンを巻きつけられたような頭痛が起こった。烈風が身体の中に入り、私の腹を切り裂き、焼き割くような激しい熱が生じた。次に、完全なる断食を行なった。インゲン豆の汁やソラ豆の汁などを少量ずつとるうちに、身体は痩せ細ってしまった。手足はアーシーティカ樹の結節か、カーラー樹の結節のようになった。臀部はらくだの足、背骨は紡錘《ぼうすい》を連ねたでこぼこに、肋骨は今にも潰れそうな古い家の垂木のように、眼孔は落ちくぼみ、眼光だけが深い井戸に水が光るように、頭皮は萎びたヒョウタンのようになり、腹の皮は背骨にくっついてしまうほどであった。そして、毛根とともに体毛が抜け落ちてしまった。

過去の沙門・バラモンのどの修行者よりも、ブッダは急激で鋭く激しく凄まじい苦行を行なった。しかし、この難行苦行によっても最勝の知見が得られなかったのである。彼は覚りに至る道は他にあるはずであるとの結論にいたったことを伝えている。

古い経典、例えば『スッタニパータ』(Sn. 193–206)には、次のようにも伝えられている。

人は鼻汁、唾液、汗、リンパ液、血液、胆汁、脂肪などの不浄なものによって満たされており、死んで膨張し死斑が現われて、死体遺棄場に捨てられると、犬をはじめとする肉食動物や禿鷹がやって来て死者を食べてしまう。死体遺棄場は普通、墓場と訳されるが、原語はシュマシャーナ（śmaśāna）で、墓があるのではなく、死体が捨てられた恐ろしい場所である。ブッダは、この死体遺棄場で「不浄の想い」を実践したという。この修行は、肉体に対する貪りや欲求を捨てるために実践すべきものとも言われる。その貪りは欲望の対象に対する貪りであり、この場合の欲望の対象とは肉体（特に女性の肉体）を指す。

この修行法は、前述した他の苦行がブッダによって放棄されたのに対し、「不浄観」として仏教の修行体系に組み込まれていった。

四　頭陀行

「頭陀《ずだ》」と音写される原語は、サンスクリット語の dhuta / dhūta（デュタ／デュータ）である。これはパーリ語でも dhuta / dhūta であり、サンスクリット語 dhunāti の過去分詞形であるが、この過去分詞形は動作名詞（action noun）として使用され、「振り払うこと」の意味をもつ。初期仏教聖典では、煩悩を振り払って覚りを得るために、衣・食・住に関して厳しい修行法が説かれている。これは「頭陀」として体系化され、南方上座部《なんぽうじょうざぶ》では十三頭陀支（dhuta-aṅga）が立てられている。

頭陀は、不定住の出家遊行者《しゅつけゆぎょうしゃ》である最初期の仏教やジャイナ教の修行者たちの生活規定に基づいて形成されたものと考えられる。その後、仏教教団が大きくなるにつれ、各地に精舎（ヴィハーラ）が建てられるようになると、修行者たちは定住生活に移っていった。その結果、集団規律である律（ヴィナヤ）や学処（シッカーパダ）が必然的に制定され、主流となっていったが、「頭陀第一」と称されるマハーカッサパ（Mahākassapa 摩《ま》訶《か》迦葉《かしょう》）と彼にしたがう修行者たちが、質素で厳格な頭陀行を貫いていた。十三支（十三頭陀支）とは、以下のようなものである。

①糞掃衣支……捨てられたボロ布を重ね綴り合わせて作られた衣のみを着用し、仏教信者から布施《ふせ》された衣を拒否する。
②三衣支……大衣、上衣、下衣の三衣のみを着用し、第四番目の衣を受持しない。
③常乞食支《じょうこつじきし》……もっぱら托鉢で得た食物のみをとり、招待の食事はとらない。
④次第乞食支……行乞《ぎょうこつ》において家々を順番に回って乞食する。
⑤一坐《いちざ》食支《じきし》……信者の家などで一坐のみの食事をし、一度坐を立ったら二度と食事をしない。
⑥一鉢食支《いっぱつじきし》……鉢の中にあるものだけを食べ、おかわりをしない。
⑦時後不食支……午前中のみ食事をし、午後は水だけ許される。
⑧阿蘭若住支《あらんにゃじゅうし》……人里離れたところに住する。ただし托鉢のために村から遠からず近からずのところが選ばれる。
⑨樹下住支《じゅげじゅうし》……屋根のあるところを避け、樹の下に住する。
⑩露地住支……屋根と樹の下をも避け、屋外を住所とする。

⑪塚間住支《ちようけんじゆうし》………死体遺棄場に住する。
⑫随処住支………与えられた臥坐具《がざぐ》を享受する。
⑬常坐不臥支……いつも坐ったままで横臥することがない。

五　ジャイナ教の苦行

マハーヴィーラは、ブッダと同様にクシャトリヤの出身で、ジャイナ教の事実上の開祖である。彼ら二人が直接接触したという記録は残っていないが、ブッダと同じ頃にマガダ地方を中心に布教活動をしていたようである。ジャイナ教がヨーロッパの研究者に初めて知られた時には、あまりにも仏教に似ていることから仏教の一宗派と見なされたほどである。仏教以上に不殺生を徹底的に守り、また苦行を重視したところにジャイナ教の特徴が見られる。仏教をよく理解する上で、その聖典に仏教ときわめて類似した詩節があることからも、共通の基盤をもつジャイナ教の苦行を知ることは不可欠となる。

本章第三節で紹介した、ブッダが行ない、やがて放棄した苦行と同様のことは、ジャイナ教ではその後も重要な修行法の一つとして実践されていた。ここでは、マハーヴィーラの苦行の様子、特に彼の衣・食・住がどのようなものであったかを述べてみよう。

①衣

ジャイナ教は無所得の教えを基本としていたので、マハーヴィーラは衣を着ずに裸体であった。ただし、雪の降る北部や山間地方を遍歴する時は衣をまとっていたが、衣を着替えることは無かった。また、沐浴すること、洗髪や歯を磨くことも無かった。実際にどの程度の衣をまとっていたかは明確でないが、寒風が吹いたり、雪が降った時にどのように過ごしたかの描写が『アーヤーランガ』(Āyāraṅga)にある。

冬に〔冷たい〕風が吹いている時に、ある人たちは震える。その出家者たちは雪が降る中で、風から逃れる場所を探し求める。(Āy. 1.9.2.13)

〔他の遊行者たちが言う。〕「私たちはもっと上衣を着よう。木をよく燃やして、あるいは〔よく〕着て、私たちは甚だしく苦である冬の不快を〔耐えることが〕できるであろう」と。(Āy. 1.9.2.14)

しかし、世尊はそこにおいて、もはや欲望がない。自制した彼は避難所を軽蔑して耐えた。夜に一度外に出て、世尊は正しく〔あるいは静けさの中で〕放棄する。(Āy. 1.9.2.15)

これらの詩節からわかるように、マハーヴィーラは他の出家修行者のように上着を求めたり、暖をとったりすることがなかったのである。凍死を防ぐために衣を必要としただけで、衣に対して何の愛著も無く、一度使用したものを取り替えるようなことはしなかった。

②食

ⓐ無傷害の乞食

仏教に限らず、ブッダ時代の出家修行者たちは生産手段をもたない。したがって、村人からの施食《せじき》によって生命を支えている。そこで、優れた修行者は蜜蜂に喩えられ、蜜蜂が花を傷つけないで蜜を吸うように、施食を受けるに当たってはそのようにせよ、と諭している。仏典の『ダンマパダ』では次のように説かれている。

蜜蜂が花から色香を害わずに、蜜をとって飛び去るように、牟尼《むに》（聖者）はそのように村において〔托鉢して〕行くべきである。（Dhp. 49）

仏教の姉妹宗教と言われるジャイナ教にも、もう少し詳しく同様のことが述べられているので、それを『ダサヴェーヤーリヤ』から引用してみよう。

たとえば、樹の諸々の花において蜂が蜜を吸い、花を枯れさせずに自己を満足させるように、そのように世間において、勝れた聖者（sāhu）である彼ら沙門（samaṇa）たちは、空を行くもの（蜂）たちが花におけると同様に、施食を求めることにおいて身を委ねた。（Dasav. 1. 2–3）

これらの詩節では、仏教もジャイナ教も乞食の仕方として蜜蜂の生き方を模倣すべきことを教える。すなわち、蜜蜂が花を傷めずに花蜜を吸うごとく、修行僧は村の家々を害わずに乞食すべきことを説いている。

子供の頃によく目にした情景であるが、蜜蜂が飛んできて花の蜜を吸っている。しばらくすると飛び去っていくが、花びらをとっていくということはない。つまり花を傷めることはないのである。蜜蜂は花から生命を維持する蜜をもらう代わりに、花に受粉するといった双方が助け合う相互扶助の関係にある。

また、マハーヴィーラは他の遊行者から食物を分けてもらうことはなかった。どんな困難に遭遇しようとも、村人から侮辱を受けようとも耐え、無関心に乞食に出かけた。マハーヴィーラが乞食して歩くところは、性質の悪い村人たちがいて、彼を自ら襲い、あるいは犬どもに彼を襲って噛みつくように命じたりもするような、遍歴には困難の多い土地であった。次の『アーヤーランガ』の詩節はこのことを端的に表わしている。

ラーダ（Lāḍha）において、彼に多くの困難があった。村人たちが彼を襲った。荒っぽい地方の信仰深いところでさえ、犬どもは彼を襲い傷つけた。（Āy. 1. 9. 3. 2）

ほとんどの人は〔彼を〕傷つけ、噛みついている犬どもを追い払おうとしない。「チュッチュ、チュッチュ」と叫んで〔彼を〕打ち、「犬どもよ、沙門を噛め」と〔叫ぶ〕。（Āy. 1. 9. 3. 3）

マハーヴィーラはこのような因難な状況にもじっと耐えて苦行を続けたと言われる。そこで、「村の棘（gāma-kaṇṭae）に耐える」という苦行を象徴する言葉が生まれたのである。

ⓑ**他人のために用意された食**　『ダサヴェーヤーリヤ』に、

動くものであれ、動かないものであれ、地・草・木に依存している〔生類《しょうるい》たち〕に殺害を及ぼす。それゆえに、自分のために特別に作られた食を食することなく、また、自ら料理することなく、

他人に料理させることのない人は真実の比丘である。(Dasav. 10. 4)

とあるように、自分のために準備された食物は、生類の殺生に関与することになるから、沙門は自ら料理をしたり、自分のために料理された食物を食することがあってはならないのである。仏教の修行者も同様であった。ただし、捨てられた状態にある残飯は、直接殺生に関与することが無いと考えられたので食することができた。これに対して、バラモンはバラモン自身のために用意された食事をすることになっており、施食に対する考え方に違いがある。

また、他の生類を傷つけないという精神は、生水を飲まないことにも表われている。生水の中には微生物がいて、知らず知らずのうちに飲み込んでしまうことを避けたのである。したがって、濾過したり、加熱することによって無生物の状態になった水は許された。

ⓒ粗末な食

『ウッタラッジャーヤー』に次のごとくある。

〔与えられないものを〕とることは地獄に〔導く〕と見て、草すらとるべきでない。警戒している人は、彼自身の鉢の中に与えられた食物のみを食べるべきである。(Utt. 6. 7)

草は六種の生類の一つである樹身と見なされているのであるから、樹木もしくは草の新芽や若芽、あるいは他の野菜でも、調理されていないものをそのままとって食べるのは避けるべきである。草をむしりとったり食べたりすること、あるいはいまだ料理されていない生の野菜を食べることは殺生の罪になる。それゆえ、鉢の中に施与された食物だけを食せよという。

では、具体的にどのようなものを食べて生命を維持していたかというと、冷たくなった食物、古くなった豆やご飯、古い酸い粥、くず米、かびた穀粒、なつめ、などであった。これらは腐る寸前のものや、料理されてからかなり時間のたった冷えたものであった。

ⓓ適量の食　マハーヴィーラは、生命を支えるに足るだけの少量の食しかとらなかったことが述べられているが、『ウッタラッジャーヤー』に、比丘〔出家修行者〕の条件が次のように簡潔にまとめられている。

工芸によって生計を立てず、家なく、友なく、感官を征服し、すべての〔束縛〕から解放され、家で寝ることなく、わずか少量を食べ、家を捨てて一人行く、そのような人は比丘である。(Utt. 15. 16)

このような食しかとらなければ、当然のことながら、マハーヴィーラをはじめジャイナ教の遊行者の外貌は痩せ細っていた。このことを端的に述べた詩節がある。これらは、すでに第四章第二節の「②痩せて糞掃衣をまとっている」で取り上げているので、詩節全体を引用することは省略するが、ジャイナ教の『ウッタラッジャーヤー』(Utt. 2. 3)では、出家修行者の足は「烏の足の関節のように痩せていて、血管が浮き出ている」と述べており、仏典の『ダンマパダ』(Dhp. 395)でも、「痩せて、血管が浮き出ている」と表現している。このことからわかるように、修行者〔苦行者とも言いうる〕の身体は、肉がついておらずガリガリに痩せ細っていた。

ⓔ美味に耽溺しない　適量の食、すなわち少量の食しかとらなかったのであるが、それも美味しいものにとらわれないことが絶対条件であったようである。マハーヴィーラは乞食するに当たって、美味しいものを望んだり、憧れもしなかった。「美味に耽溺すべきでない」という詩脚がジャイナ聖典と仏典の両方に存在することから、このことはマハーヴィーラ以前からあった精神であろう。『ウッタラッジャーヤー』と『スッタニパータ』から、それぞれ例示してみよう。

> 家において寝ない。少欲で、見知らぬ人から食を求める。欲望のない智慧ある人は美味なものに耽溺すべきでなく、悩まされるべきでない。（Utt. 2. 39）

> 眼でもってむやみに〔見たいと〕欲するな。村の話題に耳を閉じよ。美味なものに耽溺すべきでない。世間において何ものも、わがものという思いを抱くべきでない。（Sn. 922）

ⓕ断食　マハーヴィーラは、二日間断食した後に一食を、三日間断食した後に一食を、四日間、五日間断食した後にそれぞれ一食をとるというように、断食期間を順次増やしていったことが伝えられている。これはジャイナ教で行なわれる種々の断食方法を生み出す契機になったであろう。

ジャイナ教では、大きく分けて二種の断食が説かれるようになる。すなわち、マハーヴィーラが行なったような①ある一定の期間を区切って行なうものと、②死に至るまで連続して行なうものとである。

『ウッタラッジャーヤー』には、

生あるものの死が近づく時になされる、これら二つの分類が語られた。すなわち、自分の意に反した死と、自発的な死とである。(Utt. 5. 2)

自分の意に反した死は愚者たちのものであり、何度も起こるであろう。しかし、自発的な死は賢者たちのもので、優れたものであり、一度だけ起こる。(Utt. 5. 3)

と述べられ、修行を完成し、涅槃の境地を得た賢者は自発的な死(自殺)を選ぶべきことが勧められている。それも断食による死であり、死の選び方によって来世《らいせ》の運命が決定されるとまで説かれるようになった。この断食死こそが解脱であり、自己完結的行為であって、それによってすべての情欲が消滅してしまうと考えられていた。ここにジャイナ教の解脱の特徴がある。

ⓖ**施食にとらわれない**　出家修行者は、托鉢に行っても施食を必ず受けられるとは限らなかった。こういうことであれば、「得られた」といって驕るべきでないし、その反対に「得られなかった」といって悲しむべきでない、と言われる。また、多く得られたものを絶対に貯えてはいけない。なぜなら、無所得戒を犯すことになるからである。

さらに、「〔在家者は〕私に与えない」といって、彼は怒るべきでないと述べ、托鉢中に施食があろうと、なかろうと怒ってはならないことを説く。

仏教もやはり同様で、施物《せもつ》を得たか、得ないかに心煩わされることなく乞食すべきことを説いている。

③住

マハーヴィーラは一二年もの間、死体遺棄場、空家、木の根元で過ごし、昼も夜も不放逸《ふほういつ》に心を統一して禅定した。さらに、横にならずに立ったままでいるなど、決して睡眠を多くとらない。そして、蛇やムカデのようなものや、人間の身体を刺して苦痛を与える蚊や虻《あぶ》のようなものが、彼の身体を這い回るのにも耐えた。

また、禅定している時に村人から襲われ暴力や嫌がらせを受けるばかりでなく、同性愛者や婦人からの誘惑もあったようである。さらには、異宗教の遊行者からの迫害もあった。このような場所がマハーヴィーラの逗留したところである。

これは、マハーヴィーラ個人だけの苦行ではなくて、ブッダを含めた当時の出家遊行者全体に課された共通の苦行であったと思われる。『ダンマパダ』に、

「忍耐と堪忍は最上の苦行である。涅槃は最高のものである」とブッダたちは説く。他人を害する人は出家者ではない。他人を悩ますのはサマナではない。(Dhp. 184)

と言われるように、種々の苦難が待ち構え、それらを耐え忍ぶには、人里離れた臥坐所《がざしょ》が最適の場所であった。そこで死と向かい合って禅定することは、心に湧き起こるすべての欲望を除去できる最善の方法であり、それはまた涅槃への道程と考えられていた。

六　降魔成道

これまで見たように、ブッダはこの時代の禅定と苦行という二つの実践を徹底的に行なったのである。

ネーランジャラー河のほとりで、不退転の安穏を求めて瞑想していたブッダに、悪魔ナムチは哀れみの言葉をかけながら近づいてきて、

「あなたは、痩せて顔色も悪く、このままでは死ぬであろう。生きてこそ善行をなすこともできる。ヴェーダを学んで、聖火に供物《くもつ》を捧げて功徳を積むこともできる。苦行をして何になろうか」

と言った。つまり、世俗の生活を送ることが最も人間らしい生き方であり、苦行など行なっても無意味である、と執拗に迫ったのである。

これに対して、ブッダは答えた。

「ナムチよ、私はバラモンが行なって得るような功徳を求めているのではない。私には信仰と精《しょう》進《じん》があり、智慧がある。このように努め励んでいる私におまえは、どうして私の命のことを思いやるのか。

血が涸れ、胆汁や痰が涸れ、肉がなくなれば、心は一層澄んでくる。私の思念と智慧と統一した心とは一層安定する。このように極度の苦痛を受けている間、私の心は諸々の欲望を望むことは

ない」

と言って、さらに続けて、

「おまえには八つの軍勢がある。それらは、①欲望、②不満、③飢餓、④渇望、⑤ものうさと睡眠、⑥恐怖、⑦疑惑、⑧偽善と頑固さである。利得と、名声と、尊敬と、誤って得られた名誉と、自己を褒めたたえ、他人を見くびること、それらがおまえの軍勢である。勇敢でない者はそれに打ち勝つことができないが、勇敢な者はそれに打ち勝って安穏を得る」

と言った。このようなつけ込む隙のないブッダの態度に、悪魔は意気消沈して消え去ったことが述べられている。

これは『スッタニパータ』の第四二五〜四四九詩節を要約したのであるが、この対論は経典の中で降魔《ごうま》について論じられているものでは最も古い叙述であり、ここに示された八つの軍勢とは、安穏の境地を得るためには、絶対に根絶しなければならない心情である。

『サンユッタ・ニカーヤ』においても、森で瞑想しているブッダに、悪魔が七年もの年月つきまとって隙を見つけようとしたが、見つからず断念したことや（『スッタニパータ』の第四四六詩節にも見られる）、悪魔の娘たちが愛欲でブッダを誘惑しようとしたが、これも失敗したことが述べられている。ブッダは安穏で不死の境地を覚っており、もはやどのような誘惑があろうとも、決して世俗の誘惑に負けることはなくなったのである。

ここで注意しなければならないことは、「ヴェーダを学んで、聖火に供物を捧げて功徳を積むこともできる。苦行をして何になろうか」というナムチの言葉である。ヴェーダを学ぶのはバラモンの四生活階梯の第一である学生期《がくしょうき》であり、聖火に供物を捧げて家庭生活を送るのは第二の家住期である。学生期と家住期を奨励している悪魔ナムチは、バラモンと見ることができよう。すなわち、最古の仏典における悪魔とは、ブッダに代表される新興の沙門たちに敵対心や嫌悪の心をもち、苦行者を誘惑する人たち（伝統的思想に依存するバラモン）のことであると考えることができる。

キリスト教においても、イエス・キリストが悪魔サタンの誘惑に打ち勝って、神の子としての自覚に立ち、宣教活動に入ったことが伝えられている。その誘惑とは「マタイ福音書」第4章に述べられており、一般に①衣食への欲望、②名誉への欲望、③権力支配への欲望と見なされる誘惑である。今ここに例示してみよう。

さて、イエススは悪魔から誘惑を受けるため、聖霊に導かれて荒れ野に行った。そして四十日間、昼も夜も断食した後、飢えてしまった。すると、悪魔が誘惑しようとしてやって来て、イエススに、「お前が〈神の子〉なら、そこらの石がパンになるように命令したらどうだ」と言った。イエススは答えた。

「『人はパンだけで生きるものではない。
　神の口から出る一つ一つの言葉で生きる』

と聖書（旧約聖書を指す）に書いてある」。次に、悪魔はイエススを聖なる都エルサレムに連れて行き、神殿の屋根の上に立たせて、言った。「お前が〈神の子〉なら、飛び降りたらどうだ。

『神が天使たちに命じると、
お前の足が石に打ち当たることのないように、
天使たちは手でお前を支える』

と書いてあるのだ」。イエススは、「『お前の神である主を試してはならない』とも書いてある」と答えた。さらに、悪魔はイエススを非常に高い山に連れて行き、世界中の国々とその繁栄ぶりを見せて、「もし、お前がひれ伏してわたしを拝むなら、これをみんなお前にやろう」と言った。するとイエススは答えた。「退け、サタン。

『お前の神である主を礼拝し、
ただ主に仕えよ』

と書いてあるのだ」。そこで、悪魔は去って行った。すると、代わって天使たちが来て、イエススに仕えていた。

（「マタイオスによる福音」第4章、『新約聖書』共同訳・全注、pp. 8–9、講談社学術文庫）

ここに引用したこの聖書の言葉を再考することも意義あることであろう。石をパンに変えてみろということは、奇跡を起こせと言っているに等しい。これをイエスはまず否定したのである。第二に、高い屋根から飛び降りたら、誰でも怪我をするか死んでしまうだろう。そうならないとすれば、その人はまさに超自然的能力の持ち主である。このこともイエスは否定した。第三に、世界中の国々の文配者にしてやるという申し出を断った。これは、まさに世俗的な権力の否定である。

奇跡も超自然的力も宗教活動に付随して起こりうることは否定できないが、本来、宗教というものは、心の平安を願い、個々人の救いを目指すものであろう。この意味からすれば、聖書の言葉は宗教のあるべきすがたを提示しているようである。

今日の豊かな繁栄した社会にあって、人間は富であるとか、名声、名誉といった欲望の奴隷になってはいないだろうか。ブッダだけでなく、イエスがそれらを最も忌避すべきものと捉えていたことがおわかりであろう。

以上のことは、ブッダにしろキリストにしろ、人々を救済する指導者になるためには、必ず通過しなければならない関門があることを教示している。そのために、経典でも聖書でも悪魔という誘惑者を登場させ、世俗の欲望を完全に捨てきって、もはや後戻りすることがないかどうかを確認しているのである。

第八章　覚りの内容

一　体系化以前の「覚り」

悪魔の誘惑にも打ち勝ったブッダが覚ったものとは、いったい何だったのであろうか。

このことは、第六章第二節の中ですでに説明した「出家の動機」、そして成道《じょうどう》後の最初の説法、すなわち「初転法輪《しょてんぼうりん》」とも密接に関連していることは間違いない。そこで本章では、これらのことも視野に入れつつ、ブッダの覚りについて検討してみよう。

先に述べたように、ブッダは瞑想と苦行の二つの実践法を徹底的に行なったのであるが、苦の消滅に繋がる聖なる智慧を獲得できなかった。そこでブッダは、このようにひどく痩せ細った身体では、解脱の楽しみを得ることはできないと思い、川で沐浴をし、村の少女、スジャーターがさし出した乳《にゆう》糜《み》（牛乳で調理された粥）を受け取って飲み、体力を回復したという。それを見た五人の比丘《びく》は、ブッダが堕落したと思い込んで、「沙門《しやもん》ゴータマは贅沢をし、修行に励むことを止めてしまった」と嫌悪して彼のもとから去っていったという。

この後、ブッダはアシュヴァッタ樹の下《もと》で瞑想し、明けの明星の出る頃に覚ったという。それは一二月八日のことであり、この日が成道の日とされている。三五歳であった。

では、何に目覚めたのであろうか。これは難題である。一般的にはブッダは、菩提樹《ぼだいじゆ》（サンスクリット語で、ピッパラ樹とかアシュヴァッタ樹と呼ばれる）の下で七日間、結跏趺坐《けつかふざ》していた。七日間が過ぎてから、十二因縁を逆順に思索することによって覚りを得たと言われている。覚りを得て菩提樹を去った後も数週間、一本の榕樹（ニグローダ）の下で覚りの内容をじっくりと味わいながら、その内容を整理していたのではないかとも言われている。

しかし、私にはこの時に、ブッダ自身が覚りの内容を体系化し、定式化したとは思えない。もちろん一貫した中核になるものがあって、後に人々の機根《きこん》に応じて様々な形で説法したものが、やがて原始仏教の教義が整理され体系化されるにしたがって、十二因縁や四諦《したい》の説に理論化されていったと見る方が的を射ているのではないだろうか。

同じ頃の中国に孔子がいた。彼は儒家の祖としてあまりにも有名である。彼の説の最も基本となるものは「仁」であるが、「仁とはかくかくしかじか」とは定義していない。『論語』の中で孔子は、弟子たちから「仁とは何か」の質問を受け、相手の理解度に応じて様々な説き方をし、弟子たちもそれぞれに解釈したようである。

それらは大きく五つの範疇にまとめることができ、①孝悌《こうてい》、②克己《こっき》、③恕《じょ》、④忠、⑤信となる。しかし、説き方は違っても、孔子自身が「吾《わ》が道一以《もっ》て之《これ》を貫く」と言っているように、一貫して変わることのない中核となるものがあって、そこから様々に説明した点で本質的に変わりはないであろう。

そして、この仁の思想は、日本においても発展的に理解され、儒家の思想家たちに後々までも多大な影響を及ぼすものであった。特に江戸時代の伊藤仁斎《いとうじんさい》や荻生徂徠《おぎゅうそらい》らが有名である。

仏教においても同様で、ブッダの覚りの内容は、初めから教義的に体系化されて説かれたわけではなく、対告衆《たいごうしゅ》（聴衆）の能力、時と場所に応じて様々な説き方がなされたことであろう。であるからこそ、覚りの内容が伝説によって異なるのは当然のことである。

ただし、孔子もそうであったように、ブッダにも決して変わることのない、覚りの内容の中核なるもの、あるいは思想の萌芽に相当するもの、つまり簡潔で本質的な考え方があって、それが時とともに思想的に体系化されていったと見るべきであろう。言い換えれば、体系化されたものが初めからあったのではなく、単純な覚りの心境が弟子たちに語られるにしたがって膨らんでいき、それらが後に体系化されて、原始経典として編集されていったと見るのが自然であろうと思う。

ブッダが比丘（修行僧）たちに語る次のような詩節が『スッタニパータ』にある。

しかし、苦と苦の生ずるところを知り、また、すべての苦が残りなく滅するところを〔知り〕、また、苦の滅に導く道を知る者たち、（Sn. 726）

彼らは、心の解脱を具現し、また、智慧の解脱も〔具現し〕、〔輪廻《りんね》を〕終滅させることができ、彼らは生と老いとを受けることがない。（Sn. 727）

ブッダが比丘たちに語りかける形式をとってはいるが、これら二詩節こそが、ブッダの覚りの心境というものを最も簡潔に伝えているのではないかと思う。苦と苦の原因と、苦の滅と苦の滅に至る道を知り、さらに、心と智慧の解脱を具現して、輪廻を終滅させ、もはや生と老いとを受けることがない、という確固たる心境を表わしているように思う。

そして、苦を滅し心を解脱させるにはどうすればよいか、また輪廻を終滅に導き、再び生を受けないためには、どのような方法があるかを模索していく過程の中で、まず「アーサヴァの滅」によって覚りに至ったというような教義が形成され、体系化されていったと考えられる。

二　アーサヴァの滅

ブッダの教えは後世、様々な形で論理的に体系化されていくが、ブッダがネーランジャラー河畔で何に目覚めたのかは、はっきりとわかっていないのが実情である。古い経典は随処において、「アーサヴァを滅ぼし尽くして、最後の身体をもっている」と説き、さらに、「アーサヴァを滅ぼし尽くした阿羅漢《あらかん》」という表現が見られる。

最古の経典の一つと見なされる『ダンマパダ』において、

覚りを得るための方法に正しく心をよく修め、執著なく愛著《あいじゃく》を捨てることを喜び、アーサヴァを滅ぼし尽くして、彼ら輝く人たちは、この世において涅槃《ねはん》を得ている。(Dhp. 89)

と説かれ、また、『テーラ・ガーター』には、

アーサヴァを滅ぼし尽くして、束縛をすべて離れ、愛著を超え、よく心が静まり、彼は生死《しょうじ》の彼岸に達し、最後の身体をもっている。(Th. 1022)

とあり、さらに、『スッタニパータ』では、

精神を統一し、激流を渡り、最上の知見によって理法を知り、アーサヴァを滅ぼし尽くして、最後の身体をもっている如来、彼は、献菓を受けるに値する。(Sn. 471)

と説かれている。激流とは輪廻の激流であり、最上の知見とは「全知者の智慧」であり、最後の身体をもつとは、もはや輪廻転生《りんねてんしょう》によってこの世に新たな肉体を受けることがないことを意味する。つまり、他の経典においては、最後の身体をもつことを、「再びこの世に戻らない」とも表現されているように、これは輪廻転生から解き放たれたことを意味し、当然のこととして、生まれることもなければ老いることもない。

ところで、「アーサヴァを滅ぼし尽くして」の原語は、「キーナーサヴァ」(khīṇāsava) であり、キーナ (khīṇa 滅尽) とアーサヴァ (āsava) との複合語である。アーサヴァの本来の意味は「漏れ込んでくる」ことであるにもかかわらず、仏教では、正反対の「漏出」と考えられ、通常、漏れ出る汚れ＝煩悩と解釈されてきた。

しかしながら、仏教の姉妹宗教と言われるジャイナ教では、語源通りに霊魂に漏れ込んでくることを意味する。この語アーサヴァは、輪廻の大海という文脈の中で用いられ、船に漏れ込んでくる水に喩えられている。この水は輪廻の大海を渡るのに障害になるものであり、輪廻から解放されることを妨げるものである。なぜなら、船に漏れ込んでくる水は、かき出さないと船が沈んで対岸へは到達できないからである。

仏教においても古い詩節では、船に漏れ込んでくる水の意味を留めている。アーサヴァのない人こそ激流を渡った人であるとも言われ、『スッタニパータ』では次のようにも言う。

今日、われわれによってそれ (太陽) は見られた。よく世が明け、よく立ち昇り、その中に〔輪廻の〕激流を渡り、アーサヴァのない等覚者《とうがくしゃ》(よく目覚めた者) を、われわれは見た。(Sn. 178)

世間を知って、最高の目的を見、激流と海を横切って、繫縛《けばく》を断ち切り、束縛のない、アーサヴァのないそのような人、彼を賢者たちは実に牟尼《むに》と知る。(Sn. 219)

私は泥の中に横たわり、もがきながら、洲から洲へと漂流してきました。そしてその時、私は、

〔輪廻の〕激流を渡った、アーサヴァのない等覚者（よく目覚めた者）を見ました。（Sn. 1145）

これらの詩節に見られる「輪廻の激流や海を渡って」という表現からもわかるように、「アーサヴァを滅ぼし尽くす」とは、「煩悩（＝漏れ出てくる汚れ）を滅ぼし尽くす」のような、従来、仏教でなされてきた解釈よりも、ジャイナ教で行なわれてきた「輪廻をもたらす原因（が入り込むこと）を滅ぼし尽くす」という解釈の方が、より文脈がはっきりしていると言えよう。こう見てくると、大阪大学教授の榎本文雄の指摘に基づけば、アーサヴァは、最初期の仏教でもジャイナ教と同様、「漏れ出てくる煩悩」というよりは「漏れ込んでくる水」に喩えられる輪廻の原因としての煩悩・愛欲と考えられていたことが理解できる。

また、『ダンマパダ』では次のようにも言われる。

前を捨てよ。後を捨てよ。中間を捨てよ。生存の彼岸に到達して、あらゆることに心が解脱していて、生と老いとを受けることがないであろう。（Dhp. 348）

註釈において、「前」とは過去の生存に対する執著、「後」とは未来の生存に対する執著、「中間」とは現在の生存に対する執著と説明される。生存に執著のなくなった人は、心が解脱していて、輪廻の流れを渡り、涅槃を得た人なのである。このような人は、「自己堅固で偉大な智慧者」であり、ブッダその人のことである。

さらに、『スッタニパータ』では次のようにも説かれる。

あなたは苦を滅ぼし、彼岸に到達した人です。あなたは阿羅漢であり、等正覚者《とうしょうがくしゃ》です。あなたはアーサヴァを滅ぼし尽くした人だと思います。あなたは輝き、理解力に富み、智慧豊かな方です。苦を滅ぼした方よ、あなたは私を〔彼岸に〕渡らせてくださいました。(Sn. 539)

と説き、彼岸に到達した人は、苦とアーサヴァを滅ぼし尽くし、阿羅漢、あるいは等正覚者とも見なされる。

要するに、ブッダとは、アーサヴァ(āsava)を滅ぼし尽くし、再び輪廻することのない最後の身体をもつ者であり、解脱の境地を得ている。それゆえ、古い経典において、ブッダは「アーサヴァを滅ぼし尽くした(khīṇāsava)阿羅漢(arahanta)」(Dhp. 420c = Sn. 644c)と形容される。因みに阿羅漢の原義は、『スッタニパータ』にある「献菓を受けるに値する」人で、仏教興起時代には修行の完成者、理想的人物を表わし、ブッダと同義に用いられていた。

そこで、『スッタニパータ』や『ダンマパダ』よりは成立が遅れる原始仏典の『マッジマ・ニカーヤ』から短い段落を二、三引用し、アーサヴァを滅ぼして輪廻から解放されることがブッダの最終目的であったことを確認する。

比丘たちよ、このように私によって、教えがよく説かれ、明瞭になり、開示され、知らされ、ほころびがない時、彼ら比丘たちは誰でも、アーサヴァを滅ぼし尽くした阿羅漢であり、完成され、なすべきことをなしとげ、重荷をおろし、善利に達し、生存の束縛を滅ぼし尽くし、証智があり、

解脱している。その人たちにもはや輪廻はない。（第二二経『蛇喩経《じゃゆきょう》』MN i, 141）

比丘たちよ、群れの父であり、リーダーである牡牛たちが、ガンジス河の流れを渡り、無事対岸に着いたように、ちょうどそのように、比丘たちよ、彼ら比丘たちは誰でも、アーサヴァを滅ぼし尽くした阿羅漢であり、清浄行を終えて、なすべきことをなしとげ、重荷をおろし、自らの目的を達成し、迷いの生存の束縛を滅ぼし尽くし、正しい智慧によって完全に解脱している。彼らも悪魔の流れを渡り、無事に対岸に到達した。（第三四経『小放牛経《しょうほうごきょう》』MN i, 226）

また、第三五経『小薩遮経《しょうさつしゃきょう》』（MN i, 235）にも、ジャイナ教徒のサッチャカの質問の中に最後の句が「完全に解脱していますか」と疑問形になっているものと、それに対するブッダの答えの中と、二箇所に『小放牛経』の傍線部と同様の表現が見られることから、ブッダは「アーサヴァを滅ぼし尽くした阿羅漢」で、解脱・涅槃に達しており、もはや輪廻転生から離脱しているということになる。ブッダが目指し覚ったものとは、永遠に続く輪廻からの脱出であり、これらの経文は、そのための方法について教えていることになる。

三　三法印／四法印

原始仏典『サンユッタ・ニカーヤ』の中に、次のようなフレーズが繰り返される。

無常なるものは苦であり、苦なるものは無我である。無我なるもの、それは私のものではない。

私はそれでないし、それは私の我ではない。（SN iii, 22）

これは、やがて「諸行無常《しょぎょうむじょう》」、「諸法無《しょほうむ》我《が》」、「一切皆苦《いっさいかいく》」と定型化されるようになる。この中で、「諸行無常」と「諸法無我」には客観性があるが、「一切皆苦」は個人の感じ方であって、きわめて主観的なものである。とはいえ、われわれの住む現実の世界は、一時たりとも同じ状態が続くことなく、絶えず変化することを免れない。この変化することが避けられないことによってもたらされるものが苦である。

それゆえ、その対極として、苦を脱したところに輪廻転生から逃れた解脱・涅槃の世界があることを説かざるをえなかったのではなかろうか。『サンユッタ・ニカーヤ』（SN i, 158）や『ディーガ・ニカーヤ』（DN ii, 157）に、

諸行は実に無常である。
生起《しょうき》と衰滅を性質とするものである。
それらは生じては滅する。
それらの寂静《じゃくじょう》は楽しみである。

とある。このフレーズは、苦を滅した後には心の永遠の安らぎの世界があることを示している。前出の「諸行無常」と「諸法無我」に、この「涅槃寂静」を加えて三法印《さんぼういん》（法印とは真理の旗印の意味）、あるいはさらに「一切皆苦」を加えて四法印《しほういん》と呼ばれるようになり、仏教の基本的な真理として確立するのである。

ここで、二つのことにわれわれは注意を払わなければならないだろう。一つは、ブッダが説法するに当たって、その時代に広く人々に知られていた用語を使用していることであり、もう一つは、インドの宗教の本流とも言うべき、ウパニシャッドの考え方と正反対のことを説いているということである。つまり、当時のウパニシャッドの哲学とは対照的な異端とも言うべき思想を表明したということである。

まず、用語（いずれも便宜上パーリ語）の使い方であるが、無常は「アニッチャ」（anicca）で、常（ニッチャ nicca）に否定を表わす接頭辞 a- が添えられた語である。苦は「ドゥッカ」（dukkha）で、その反対が楽（スカ sukha）である。そして、無我は「アナッター」（anattā）で、我（アッター attā）の否定語である。

これらの語は、どれもウパニシャッドで用いられていたもので、仏教特有の語彙ではない。ブッダがこれらの語を用いて説法することができたのは、説法の聞き手、すなわち対告衆がウパニシャッドの用語に照らしながら理解できたためと考えられる。

次に、ウパニシャッドの思想とは相容れない仏教特有の思想、すなわち四法印について述べなければならないが、「一切皆苦」の「苦」については、第六章第二節の「⑤出家の動機」のところですでに述べ、「涅槃寂静」についてはは次章で述べるので、ここでは「諸行無常」、「諸法無我」について検討してみることにする。

四　諸行無常

諸行無常はパーリ語の aniccā vata saṅkhārā の訳で、行（saṅkhārā）には種々の意味があるが、ここでは移り変わるすべての現象という意味で使われている。それゆえ、諸行無常とは、われわれ人間も含めてこの世のすべての現象は、決して常住不変ではなく、常に変化することが避けられないということを示している。

先ほど和訳して掲げた『サンユッタ・ニカーヤ』（SN i, 158）や『ディーガ・ニカーヤ』（DN ii, 157）に見られるパーリ語のフレーズに対応する漢訳は、

諸行無常　諸《もろもろ》の行は無常なり。
是生滅法　是《これ》は生滅の法なり。
生滅滅已　生滅にして滅し已《おわ》らば、
寂滅為楽　寂滅《じやくめつ》して楽と為る。（『大般涅槃経《だいはつねはんぎょう》』巻第一四、大正蔵一二巻、四五〇上、四五一上）

であり、日本では「無常偈《むじょうげ》」と呼ばれている。この意を和訳し今様歌《いまようた》に作られたのが、日本人なら誰でも知っている「いろは歌」である。

色《いろ》は匂《にほ》へど　散《ち》りぬるを
我《わ》が世《よ》誰《たれ》ぞ　常《つね》ならむ

有為《うゐ》の奥山《おくやま》　今日《けふ》越えて
浅《あさ》き夢見《ゆめみ》じ　酔《ゑひ》もせず

今様歌とは、七五調四句のものが代表的で、平安中期から鎌倉時代にかけて流行したものである。したがって、弘法大師の作というのは信憑性がない。

この無常偈（別名、雪山偈《せっせんげ》ともいう。これはブッダの前身がヒマラヤの雪山の山中で修行をしていた頃、雪山童子と呼ばれたことに由来する）は、初期の仏教だけでなく、大乗仏教においても重んじられていたことが知られる。

ブッダが臨終に際して遺した言葉が、『ディーガ・ニカーヤ』に伝えられている。

さあ、比丘たちよ、今あなた方に話そう。「諸々の事象は衰滅していくものである。怠ることなく努め励みなさい」と。（DN ii, 156）

註釈家ブッダゴーサはこの言葉について、四五年間という長い年月にわたって説かれた教えを、ブッダ自身が「怠ることなかれ」というただ一つのフレーズに要約したもの、と解釈している。そうすると、仏教の最も大切な教えは、無常を覚ることと、修行に精進《しょうじん》することの二つに尽きることになる。

無常を覚るためには、怠ることなく修行に精進しなければならないことは言うまでもない。人間の一生は、実に短くはかないものである。明日生命があるかどうかもわからない。そうであればこそ怠ることなく修行に励み、修行を完成することが大切である。

怠ることなく修行に励むことを漢訳語では「不放逸《ふほういつ》」と言っている。不放逸は涅槃を得るための大事な要素である。放逸とは怠けることであり、その反対語が不放逸で、「怠けないこと」である。『ダンマパダ』に以下の詩節がある。

不放逸を楽しみ、放逸に恐れを見る比丘は、燃えている火のように、微細《みさい》なものでも粗大なものでも、束縛を焼きながら行く。(Dhp. 31)

不放逸を楽しみ、放逸に恐れを見る比丘は、〔完全なる状態から〕落ちることがなく、涅槃に近づいている。(Dhp. 32)

ジャイナ教でも仏教と同様で、無常なるがゆえに一瞬たりとも怠ることなく修行に励めと戒めている。『ウッタラッジャーヤー』の第一〇章「木の葉」は、不放逸の意味を譬喩によって教示している。今ここに第一～四詩節を引用してみよう。

幾夜が過ぎて、色あせた木の葉が地に落ちるように、人間の命もちょうどそのようである。ゴーヤマよ、一瞬たりとも怠ることなかれ。(Utt. 10. 1)

クシャ草の葉先に垂れる露の雫が、わずかな時間しか留まっていないように、人間の命もちょうどそのようである。ゴーヤマよ、一瞬たりとも怠ることなかれ。(Utt. 10. 2)

このように短い命のあるうちに、多くの障害のある人生において、過去に作った穢れを振り払え。ゴーヤマよ、一瞬たりとも怠ることなかれ。(Utt. 10. 3)

たとえ多くの時間を経ようとも、すべての生類《しょうるい》にとって、人間の身を得ることは実に難しい。行為（業《ごう》）の果報は確固たるものである。ゴーヤマよ、一瞬たりとも怠ることなかれ。（Utt. 10. 4）

この詩節からわかるように、仏教の無常観と何ら変わるところがない。因みにゴーヤマはマハーヴィーラの第一の弟子である。この章は、全部で三七の詩節から構成されるが、第一詩節から第三六詩節までの最後の句（pāda d）は、すべて「ゴーヤマよ、一瞬たりとも怠ることなかれ」である。ただし、「機会を逸するな」と解釈する研究者（L・アルスドルフ）もいる。人間としての誕生はきわめて困難であるから、人間として生まれたこの機会を逃してはならない、という意味である。

この仏教の思想は、日本人の心に独特の無常観を抱かせるようになった。鎌倉時代初期の鴨長明作『方丈記』の冒頭に、

ゆく河の流れは絶えずして、しかも、もとの水にあらず。よどみに浮ぶうたかたは、かつ消え、かつ結びて、久しくとどまりたる例《ためし》なし。世の中にある、人と栖《すみか》と、またかくのごとし。（一・一）

とあり、日本人の心の中にある代表的な無常観と評価されている。世に住む人間と住居を、水面に浮かんでは消え、そのままの姿で長く留まることのない泡に喩えるのは、仏典の文言を根拠としている。例えば『維摩経《ゆいまぎょう》』に、「是《こ》の身は泡の如し。久しく立つを得ず」（大正蔵一四巻、五三九中）とある。

それゆえに、無常を否定的に見る傾向にあったが、鎌倉時代も終わり頃になると、無常に対する捉え方がやや変わってくるようになる。むしろ無常なるがゆえに楽しい、と肯定的に捉えようとする考

え方が現われるようになったのである。吉田兼好の『徒然草』の文などは、まさに移り変わるそのことを自体に、しみじみとした情感を見出している。

あだし野の露消ゆる時なく、鳥部山の煙立ちさらでのみ住み果つるならひならば、いかにもののあはれもなからん。世はさだめなきこそいみじけれ。（第七段）

あだし野は墓地で、鳥部山は火葬場であり、「あだし野の露」も「鳥部山の煙」も世の無常を表わす歌語である。あだし野の露の消える時がなく、鳥部山の煙の消えることがないように、われわれのはかない生命がいつまでもこの地上に生き続けるとしたならば、どんなにか情感がないことであろう。人生は不定であるからこそ、かえって趣があるのである。兼好は無常であることを賛美している。

五　諸法無我

「諸法無我」と言う場合の「法」は、「もの」一般を意味すると理解してよい。であるから、諸法無我で「すべてのものは無我である」という意味になり、さらに「無我」というのは、ウパニシャッドの「梵我《ぼんが》一如《いちにょ》」の「我」を念頭に置いた上で、ブッダはそれを否定して無我であると言っているのである。

ウパニシャッドの思想には、「汝はそれである」（tat tvam asi）という句で表わされるように、不二一元論の基本的考え方がある。これは、個〔人〕我である汝は普遍〔的〕我と同一であるということで、われわれの誰もがその普遍我を分有していることになる。言い換えれば、固定的な普遍の実体である我（アートマン）を各自が所有しているということである。このことを知らないと、永遠に輪廻転生して苦しみから脱することができないのであるが、反対にそのことを知ることができれば、永遠の安らぎの世界に解脱することができる、というのがウパニシャッドの中心思想である。したがって、ウパニシャッドの哲人たちの最終目標は「梵我一如」を知ることであり、そのために苦行や禁欲が大切な実践となっていた。繰り返すが、ブッダは「梵」（ブラフマン）の分有であるこの「我」を否定したのである。

多くの学者たちが『マッジマ・ニカーヤ』の第二二経『蛇喩経』（MN i, 130–142）を註釈して、ブッダは「不二一元論」の誤りを指摘することによって、アートマン（我）の存在を否定したとしている。

K・R・ノーマンによれば、「もし普遍我というものが存在するのであれば、私と他のすべての存在（動植物も含む）は普遍我の一部であるアートマン（我）を持つことになる。個人我が本当に普遍我の一部であるなら、ある人が苦痛を感じる時、他のものたちすべてが苦痛を感じるはずである。なぜなら、ある人もすべてのものも普遍我の一部分を所有しているからである。しかし、森の樹が燃えている時、樹にある我が受けた苦痛を、われわれの我も同じように受けるであろうか。われわれは何の苦痛も感じない。これは普遍我がない証しである」とブッダが説いている、ということになる。

また、ブッダは、梵我一如を体得すれば個人が死後も永遠に変滅しないという考え方を認めず、さらに個人我の存在さえも認めていない。すなわち、「それは私の所有物である。それは私である。それは私の本体である」という見解を否定し、「それは私のものではない。私はそれでないし、それは私の我ではない」ことを強調する。

ジャイナ教においても仏教同様、宇宙の根本原理である梵や、それと同一とされる普遍我は否定したが、ただし個々の人や物質にそれぞれ独立して存在している個我は認めている。これは輪廻の主体としてのアートマンであり、個人の死後においても不滅であると考えられていた。ジャイナ教の聖典の中でも最も古いものに『アーヤーランガ』がある。この聖典の冒頭に、実質的な開祖であるマハーヴィーラの説法の一節がある。

以下のように多くの人々には知識がない。「転生するものであるアートマン（我）は私に存在するのか？　転生するものであるアートマンは私には存在しないのであろうか？　私は過去に誰であったのか？　私はここから死没して、死後輪廻において私は誰になるのであろうか？」と。……以下のように人々には知識がある。「転生するものであるアートマンは私に存在する。この方向、あるいは中間の方向、すべての方向、あるいはすべての中間の方向に転生するのが私である」と。彼はアートマン論者であり、世界論者であり、業論者であり、行為論者である。（Āy. 1. 1. 1. 3–4）

ここで用いられたアートマンは、ヤコービ（H. Jacobi）が英訳しているように、霊魂（soul）のことと考えてよいものであり、個我と訳されるべき概念である。すべての生き物や物体に内在し、輪廻転生の主体となるもので不滅である。

また、『アーヤーランガ』には、

このことを私は言う。「人は自ら世間を否定すべきでない。アートマンを否定すべきでない。世間を否定する者はアートマンを否定する。アートマンを否定する者は世間を否定する」と。（Āy. 1. 1. 3. 3）

とある。註釈書によれば、このアートマンは「身体の支配者」と説明されており、輪廻転生によって変わることのない個我である。前世《ぜんせ》から現世《げんぜ》へ、現世から来世《らいせ》へ移動する輪廻転生の主体と見なすことができる。わかりやすく言えば、「霊魂」である。

さらに、『アーヤーランガ』には、業によって形成される微細な物質が霊魂を覆うので、それらを振り払えというような考えも説かれる。

この世で智（教え）を求め、怒りを離れた賢人は、アートマンをひとりきりであると認識して、身体を振り払うべきであり、アートマンを弱めよ。アートマンを衰退させよ。（Āy. 1. 4. 3. 2）

ここでの身体とは、業身（カルマ・シャリーラ）を意味し、霊魂にこびりついた数々の業を振り払えと言っているのである。そうしないと微細な物質で覆われた霊魂は、死後に他の身体に移る働きがある。それは、猿が樹の枝から枝へ飛び移るようなものであると形容される。

「アートマンを弱めよ。アートマンを衰退させよ」というのは、身体を苦行によって痩せ細ったものにせよ、というのである。また、「多くの前世の業を背負った肉体を滅する」ことであるとも解説される。ここには、苦行によって霊魂を束縛している業を滅することができ、そうなれば霊魂は本来の機能を回復して、解脱者の世界に昇天できるというジャイナ教独自の考え方がある。

このジャイナ教独自の考え方を簡単に説明しよう。ジャイナ教においては、霊魂（ジーヴァ）が無垢・清浄《しょうじょう》という本来の性質を発揮できないために、非世界（世界の頂上）に行くことができずに輪廻転生を繰り返すのは、業身が原因である、と説かれる。人が身《しん》・口《く》・意《い》の活動を行なうと、その人の行為に適した物質が流れ込んできて、その人の霊魂に付着する。これが漏（原語はアーサヴァであるが、仏教では、漏れ出る汚れ＝煩悩と解釈される）と言われる。そして、この流れ込んできた物質は霊魂に付着して、業身と言われる微細な物質の集合体を形成する。このため霊魂は業身に覆い囲まれてしまう。これが縛あるいは繋縛と言われる。この結果、霊魂は昇天して成就者・解脱者の世界に行くことができずに、地獄・畜生・人間・神々の四つの迷いの世界（仏教では、地獄・餓鬼・畜生・修羅《しゅら》・人間・天の六界である）を繰り返し輪廻転生して苦しみが絶えない、と説かれる。それゆえ、業身を振り払って縛の状態から解放されるための修行法が頭陀《ずだ》であり、註釈類では自制であると説明される。

ジャイナ教の個我についての説明が長くなってしまったが、ジャイナ教も仏教と同様に、普遍我の存在を否定するが、個人我の存在は認めている。個人我の存在を認めたことによって、ジャイナ教は輪廻転生の説明をスムースにしたが、反対に仏教は個人我の存在を否定したことによって、新たな思想の展開を余儀なくされるようになった。

まとめてみると、諸法無我とは、現象界にあるすべてのものは、永久不変の性質をもったものではない、ということになる。これをわかりやすく言えば、この世のものは、諸々の原因や条件によって生じたものであって、それ自体として存在するものは何もない、ということになる。これはまさしく縁起に通じた考え方である。

六　縁起

ブッダは覚りを得てから七日間が過ぎて、三昧《さんまい》（サマーディ）から立ち上がって、縁起の法を論理的に追求したと言われている。

仏教とは何か、と問われれば、私は「仏教は縁起を説いている」と一口で答えることが多い。それだけに縁起は仏教の中心思想と言っても過言ではない。縁起とは、パーリ語のパティッチャ・サムッパーダ（paṭicca-samuppāda）、サンスクリット語のプラティートヤ・サムットパーダ（pratītya-samutpāda）の訳語であり、プラティートヤは「よって」を、サムットパーダは「起こること」を意味する語である。「よって」とは「条件によって」ということであるから、縁起とは「条件によって種々の現象が生ずること」という意味になる。

初期仏典には、例えば『ウダーナ』(Udāna 自説経)に以下のごとくあるように、

これあればかれあり、これ生ずるがゆえにかれ生じ、
これなければかれなし、これ滅するがゆえにかれ滅す。(Ud. 1.3. p. 2〈prose〉)

という定型句がよく見られ、最も基本的な縁起説とされている。前半の二句は相互依存の関係による生起(縁起)を、後半の二句は消滅(縁滅)のあり方を教えている。

漢訳では、

因是有是(これに因《よ》ってこれ有り)
此生即生(これ生ずればすなわち生ず)
此滅即滅(これ滅すればすなわち滅す)
此無即無(これ無ければすなわち無し)

とある。

この定型句の意図するところは、この世の一切のものは、そのものが単独で孤立して存在することはできず、互いに助け合い依存し合って存在している、ということである。すなわち、この世や人生におけるすべてのものは、時間的にも空間的にも隙間なく密接に関連し合っている、という思想である。もう一つ縁起思想を説いた代表的な詩節を挙げよう。パーリ『律蔵』(Vinaya)の「マハーヴァッ

ガ」（Mahāvagga 大品《だいぼん》）に次のごとくある。

いかなるものも因によって起こるが、
如来はそれらの因を説く。
また、それらの滅を説く。
偉大な沙門はこのように説く。（Vin. i, 40）

ここでは、サーリプッタ（舎利弗《しゃりほつ》）が仏弟子になる機縁となった偈《げ》として記されているのであるが、説明するまでもなく、すべての存在は原因や条件によって生起するものであり、関係性を超えて単独では存在しえないことを表現していると同時に、原因の滅や条件の滅をも説いている。

七　十二縁起

縁起の法を苦の問題に当てはめて、十二の項目によって説いたものが十二縁起である。すなわち、苦の原因を根源的に追求し、その根源を断つために十二の項目を系列化したものである。『律蔵』の「マハーヴァッガ」には次のように説かれている。

さて世尊は、その夜の初めに縁起を順逆に考察した。すなわち、無明《むみょう》に縁《よ》って行が生じ、行に縁って識が生じ、識に縁って名色《みょうしき》が生じ、名色に縁って六入《ろくにゅう》（六処《ろくしょ》）が生じ、六入に縁って触《そく》が生じ、触に縁って受が生じ、受に縁って愛（渇愛《かつあい》）が生じ、愛に縁って取が生じ、取に縁って有《う》が生じ、有に縁って生が生じ、生に縁って老と死と憂愁《うしゆう》と悲泣《ひきゆう》と苦悩と憂慮と悩みとが生ずる。このように、このすべての苦の集まりが生起するのである。

しかし、無明が余すところなく消失し滅すれば、行が滅し、行が滅すれば識が滅し、識が滅すれば名色が滅し、名色が滅すれば六入が滅し、六入が滅すれば触が滅し、触が滅すれば受が滅し、受が滅すれば愛が滅し、愛が滅すれば取が滅し、取が滅すれば有が滅し、有が滅すれば生が滅し、生が滅すれば老と死と憂愁と悲泣と苦悩と憂慮と悩みとが滅する。このように、このすべての苦の集まりが消滅するのである、と。(Vin. i, 1)

この引用文は、内容的に前半と後半とで二つに分けることができる。前半は、「無明があることによって行があり」で始まり、順次その関係性を述べて最後に、「すべての苦の集まりがある」と締めくくっている。すなわち、苦が現われ起こることの順序次第を説明している。これを十二縁起の順観《じゆんかん》と呼んでいる。『ウダーナ』では、

彼の疑惑はすべて消え去る。なぜならば、有因《ういん》の法を知るからである。(Ud. 1. 1)

と説いている。この有因の法とは十二縁起のことであり、無明から老死までの関係性を順次正確に把握すれば、苦が生起してくる原因がわかるようになると言っているのである。

これに対して、後半は、苦が起こる原因をなす様々な条件を順次滅することによって、苦を滅尽することができるというものである。これを十二縁起の逆観《ぎやくかん》と呼んでいる。『ウダーナ』は次のように述べている。

彼の疑惑はすべて消え去る。なぜならば、諸々の縁の滅を知ったからである。（Ud. 1. 2）

ブッダはブッダガヤーの菩提樹の下で、十二縁起を逆に観じて覚りを開いたということが通説になっている。「無明が滅すれば行が滅する」に始まる教えである。無明というのは、明（ヴィドゥヤー）の反対語で、真理に明るくないことを意味する。現代の言葉で言うならば無知である。具体的に何に対して無知であるかと言えば、縁起に対してということになる。世の中のすべてのものは、単独では存在しえず因と縁とによって生じている。すなわち、何ごとにも因があり、それが縁に触れて現象となって現われてくるのである。すべてを造り出している神のような絶対的な存在はないのである。このような見方が仏教の縁起観であり、苦の滅尽の出発点となる。

①無明が滅すること（明）によって、行＝〔苦をもたらす〕意思の発動（無意識の心の作用）が滅する。②行が滅することによって、識＝認識の活動が滅する。③識が滅することによって、名色が滅する。名色の名は無形のもの、つまり精神的要素を指し、色は有形のもので身体を意味する。④この名色が滅することによって、六種の感覚器官（六入）が滅する。六入とは認識を構成する器官のことで、眼《げん》（視覚）・耳《に》（聴覚）・鼻《び》（嗅覚）・舌《ぜつ》（味覚）・身《しん》（触覚）・意《い》（それら五官で感じたものを知り分ける意識）のことである。これらによって、それぞれの対象である色《しき》（かたち）・声《しょう》・香《こう》・味《み》・触《そく》・法《ほう》が捉えられるのである。

⑤六入が滅することによって、触（感覚）が滅する。⑥触が滅することによって、受＝知覚、あるいは感受作用が滅する。⑦受が滅することによって、愛が滅する。愛の原語は、サンスクリット語で

トゥリシュナー、パーリ語でタンハーと言い、渇愛と訳され、制御の効かない強烈な欲望のことである。⑧この愛が滅すれば、取＝執著が滅する。⑨執著が滅することによって、有が滅する。有というのは、サンスクリット語の「バヴァ」(bhava)の訳語で、生存のことを言う。もちろん輪廻転生する生存を意味する。輪廻は再生と再死を無限に繰り返すことである。⑩この生存が滅すれば、生＝誕生というものが無くなるのである。⑪生が滅すれば、老と死と憂愁と悲泣と苦悩と憂慮と悩みとが滅する。このようにして、すべての大きな苦の集積が滅尽するのである。

われわれが、この十二縁起を学ぶ上で大切なことは、十二支を逆にして考察してみることである。すなわち、「自分は今生きているが、時がくれば死ぬであろう」、「なぜ老いて死ぬのか？」、「それは私が生を受けたからである」、「なぜ生を受けたのか？」、「それは生存があるからである」といったように十二支の項目を逆に遡っていくことにより、最後に無明に帰結するのである。無明を滅すれば、すなわち智慧を獲得できれば、苦を滅することができることになる。仏教が「智慧の宗教」と言われる所以である。仏教がいかに智慧を重んじたかは、第九章の「六　彼岸」のところで述べることにする。

ブッダは菩提樹の下でこのような考察をしたことになっているが、実は、ジャイナ教の『アーヤーランガ』の中でも関連性を順次説いていく方式がとられているので、ここに紹介してみよう。

教説は互いに関連しており、非教説は互いに関連してはいない。怒りを見るものは憍慢《きょうまん》を見、憍慢を見るものは迷妄《めいもう》を見、迷妄を見るものは貪欲《とんよく》を見、貪欲を見るものは愛を見、愛を見るものは過失を見、過失を見るものは愚痴を見、愚痴を見るものは胎を見、胎を見るものは生を見、生を見るものは死を見、死を見るものは地獄を見、地獄を見るものは畜生を見、畜生を見るものは苦を見る。賢者は怒りを滅尽すべきである。また憍慢を、また迷妄を、また貪欲を、また愛を、また過失を、また愚痴を、また胎を、また生を、また死を、また地獄を、また畜生を、また苦を。……（Āy. 1. 3. 4. 3）

故松濤誠廉教授の指摘したことであるが、「教説は互いに関連しており、非教説は互いに関連してはいない」と訳される部分が、仏教の縁起説の基本である「これあればかれあり、これなければかれなし云々」と同様であり、全文が苦に至る変化とその還滅《げんめつ》とを説いていることで、これが仏教の十二因縁説と同類のものであることがわかる、と論じている。

対照表を示せば、以下のようになる。

この対照表からわかるように、苦の原因を仏教では無明と説き、ジャイナ教ではそれに相当するも

のとして愚痴を説いている。愚痴の原語はモーハ（moha）で、道理やものごとを正確に把握できないことを意味するから、無明と同じ意味である。

人間苦の発展と還滅についての関係の考察を比較すると、ジャイナ教のものは未完成で粗雑であるが、仏教の考察順序は内容的にも高尚で整理されている。このことから仏教の縁起説は遅れて作成されたと松濤教授は見なしている。ブッダが成道直後に整理したとされる縁起説は、このような十二支を列挙したものとは考えにくいということであろう。原始仏典の中には十二のうちのいくつかを欠いた縁起系列がある。例えば、三支、四支、八支、十支縁起である。

八　四諦・中道八正道

パーリ『律蔵』の「マハーヴァッガ」によれば、ブッダは正覚《しょうがく》を得てから七日間、菩提樹の下で覚りの楽しみを嚙みしめて坐っていたという。次の七日間をアジャパーラ榕樹、さらに七日間をムチャリンダ樹、その後も七日間をラージャーヤタナ樹の下で坐し、解脱の楽しみに浸っていたという。同時にこの間にブッダは、恐らく覚りの内容を整理していたのではないかと推測されている。経典によれば、先に見た十二縁起を順観に整理したり、逆観に整えたりしていたことになる。それが済んでブッダは次に、人々に自分の覚った内容を説く準備にとりかかっていたにちがいないと考えられている。最初の説法は、「初転法輪」といわれるものである。前節で取り上げた十二縁起説は、自分自身が覚りを開くに当たって、真理を理論的に考察したもので、これに対して、この後に説明する四諦説は、理論的であっても、むしろ実践を主にしたもので、他の人々に説くために考案されたものであると言えよう。

初転法輪といわれる最初の説法は、ブッダが覚りを得たブッダガヤーやウルヴェーラーの村ではなく、バーラーナシーの郊外に位置するイシパタナ・ミガダーヤ（仙人住処・鹿野苑《ろくやおん》、現在のサールナート）において行なわれた。そこにはブッダの出家後、共に修行した五人の比丘がおり、ブッダは自分の覚った深遠《じんのん》なる内容を最初に説くにふさわしいのは、これら五人の比丘であろうと考えたからである。この鹿野苑には仙人住処の名がある通り、様々な国々からの思想家たちが集まり住んでいたのである。

これら五人の比丘は最初、ブッダが覚りの内実を語ろうとしても、頑なにそれを拒絶した。苦行を放棄して贅沢な生活に堕した者に、等正覚を成就できる道理がないというのがその理由であった。それでもブッダの容貌の神々しさに心打たれた彼らは、ブッダの話に耳を傾けることになった。今ここに、『サンユッタ・ニカーヤ』からその場面の初めの部分を訳出してみる。

ある時、世尊はバーラーナシー国イシパタナのミガダーヤに〔滞在していた〕。

その時、世尊は五人の群れに話しかけた。

比丘たちよ、出家者が実践してはならない二つの極端がある。二つとは何であるか。

その一つは、諸々の愛欲において情欲に溺れることであって、それは、卑しく、野卑で、凡夫的《ぼんぷてき》で、高尚でなく、利益のないものである。他の一つは、自分を苦しめること（苦行）に専念することであって、それは、苦しみであり、高尚でなく、利益のないものである。比丘たちよ、如来は、これら両極端に近づかず、中道を覚ったのである。中道は、眼を生じ、智を生じ、寂静、証智、覚り、涅槃に導くものである。

比丘たちよ、如来が覚ったところの眼を生じ、智を生じ、寂静、証智、覚り、涅槃に導くものである中道とは何であるか。実にそれは八支からなる聖なる道（八正道《はっしょうどう》）である。すなわち、正見《しょうけん》（正しい見解）、正思《しょうし》（正しい思惟）、正語《しょうご》（正しい言葉）、正業《しょうごう》（正しい行為）、正命《しょうみょう》（正しい生活）、正《しょう》精進《しょうじん》（正しい努力）、正念《しょうねん》（正しい記憶）、正定《しょうじょう》（正しい精神統一）である。比丘たちよ、これが実に如来が覚った中道であり、眼を生じ、智を生じ、寂静、証智、覚り、涅槃に導くものである。

（SN v, 421）

ここから読み取れることは、ブッダは決して苦行を捨てて奢侈に堕したのではないということである。情欲に溺れる快楽という極端でもなく、自分を苦しめることに専念する苦行という極端でもなく、このような快楽と苦行の両極端を避けて、中道というものを選んだのである。その中道とは、「正見、正思、正語、正業、正命、正精進、正念、正定」の八支からなる聖なる道である。この中道こそが、人々に真理を見る眼を与え、平安な心や智慧を授け、覚りや涅槃に導くものである。

ブッダは引き続いて、苦を消滅に導く実践法を示すために、四諦（四聖諦《ししょうたい》とも呼ぶ）を五人の比丘に説いている。この「諦」の原語は、サンスクリット語でサティヤン（satyan）、パーリ語でサッチャ

（sacca）で、真理という意味である。したがって、四諦とは四つの〔聖なる〕真理という意味になる。

それでは、前出のパラグラフに続いて四つの真理が述べられているので、四つを個々に訳出し、それぞれ解説を加えることにする。

①苦諦

比丘たちよ、これが苦についての聖なる真理（苦聖諦）である。生まれることも苦であり、老いることも苦であり、病むことも苦であり、死ぬことも苦である。悲しみ・嘆き・苦しみ・憂い・悩みも苦である。憎いものに会うことも苦であり、愛するものと別れることも苦であり、欲しいものを得られないことも苦である。要するに五取蘊《ごしゅうん》（人間を構成する肉体的および精神的諸要素の集合）も苦である。

ここに挙げられた苦は、前出した四苦八苦と言われるもので、すべてが移ろいゆく諸行無常の世界に身を置く人間にとって避けることのできない苦である。これらは行苦性《ぎょうくしょう》そのものであり、人間の努力によって解決できるものはない。さらに、解決可能なものも含めて、苦はこの他にもたくさん存在する。例えば、暑さや寒さ、貧乏、争い、人間関係といった枚挙にいとまがないほどの苦しみがある。

人間の歴史はこれらの苦しみから逃れようとした歴史と言っても過言ではない。しかし、どんなに努力をして、よしんば解決できる苦しみがあったとしても、次から次へとまた新たな苦しみが出てくるのである。それならば、人生は苦であり、その苦から逃れられない、苦が常態であると認識することである。苦を直視して「苦を苦と感じない」精神力が必要になってくる。

②集諦

比丘たちよ、これが苦の生起についての聖なる真理（苦集聖諦《くじゅうしょうたい》）である。それは再生をもたらし、喜びと貪りを伴って、いたるところの対象に愛著《あいじゃく》する渇愛である。それは、すなわち、愛欲に対する渇愛であり、生存に対する渇愛であり、生存の否定に対する渇愛である。

この集は、集起《じっき》を省略したもので、原因のことである。苦しみには必ず原因があり、その原因を探求せねばならないということである。苦の原因は飽くなき渇愛にあることを教示している。渇愛とは、喉が渇いた時に水が欲しくてたまらないのと同じような、飽くなき欲望を意味する。貪りと言ってもよい。

ブッダは渇愛を三種に分けて教示している。一つ目は、愛欲、つまり世俗的欲望であり、二つ目は、現世を絶望的なものとして、幸せな来世を熱望することである。三つ目が、その逆に現世や来世のいかなるものも苦の原因となるものばかりと嫌悪し、生存を滅し尽くすこと（虚無《こむ》）を欲する妄執である。これらの渇愛はいずれも自己中心的なもので、人間を永遠に輪廻の世界に閉じ込めて苦を生み出すものである。したがって、渇愛を克服することが実践道として大切になる。

ちょっと難しくなったが、要は苦の原因が必ず渇愛や貪欲にあるということを説いているのである。これが集諦《じったい》という真理である。『法華経』の「譬喩品第三」に、「諸苦の所因は、貪欲を本と為す」（大正蔵九巻、一五上）とあり、人間の苦悩の原因はこの一語に尽きる。

③滅諦

比丘たちよ、これが苦の消滅についての聖なる真理（苦滅聖諦）である。すなわち、その渇愛を残すことなく離れ滅し、捨て去り、捨離し、解放し、執著のないことである。

集諦によって苦の原因が渇愛にあることがわかったのであるから、渇愛（欲望）を残すところなく滅すれば、苦を消滅させることができる。これが滅諦であり、理想の境地である涅槃と同一の概念である。

④道諦

比丘たちよ、これが苦の消滅に導く道についての聖なる真理（苦滅道聖諦）である。それは八つの聖なる道である。すなわち、正見、正思、正語、正業、正命、正精進、正念、正定である。

どうすれば渇愛を捨て去り、苦を滅することができるのか。この滅諦に至る具体的な修行方法として説かれたのが、道諦としての八正道（八支聖道《はっししょうどう》）である。すなわち、正しい見解、正しい思惟、正しい言葉、正しい行為、正しい生活、正しい努力、正しい記憶、正しい精神統一という八つの実践項目である。苦を滅するためには、苦から逃れようとする消極的な態度ではなく、積極的に八つの正道を実践することである。

四諦は精神的な苦しみを取り除く実践的方法を説いたものであって、医者が病気を治療する手順にも当てはめることができる。人が病気にかかって苦しんでいるとしよう。医者はまず病状を正しく診断する。これが苦諦である。そうすると次に、その病気が何によって引き起こされたのか、原因を突き止める。これが集諦に当たる。そして、病気の原因が取り除かれ、健康の回復した状態が滅諦に当たる。病人の健康を回復させるために医者は、最善と考えられる治療を施す。注射をしたり、投薬したり、あるいは手術をしたりすることになる。これが道諦に当たる。

十二縁起説は、ブッダが覚りを開くに当たって、自分自身のために真理を理論的に考察したものと言われている。これに対して、四諦説は、縁起の考え方を一般の人々にもわかりやすいように、理論的かつ実践的に解き明かしたものと見なされている。それゆえ、初転法輪には四諦説が選ばれたとも言えよう。

大乗仏教になっても十二縁起説と四諦説は、仏教の根本的な教理として展開されている。例えば、大乗仏教の代表的経典の一つである『法華経』の「化城喩品《けじょうゆほん》第七」に、大通智勝如来《だいつうちしょうにょらい》は十方の百千万億の梵天王たちと、彼の息子である一六人の王子たちの誓願に応えて、「四種の聖なる真理」と、原因と結果との一二種の連鎖関係（十二縁起説）を広く説いた、とあることがその証左である。

第九章　ブッダが目指したもの——平安の境地

一　梵天勧請

『マッジマ・ニカーヤ』の第二六経『聖求経《しょうぐきょう》』は、ブッダは無上にして勝れた寂静《じゃくじょう》の道を求めながら、マガダ国中を遊行《ゆぎょう》して、ウルヴェーラーのセーナー村で、生《しょう》・老《ろう》・病《びょう》・死《し》・憂《う》・汚《お》を克服した無上の安らぎの境地である涅槃《ねはん》（ニッバーナ）を得た、と述べている。そして、ブッダは「自己の解脱《げだつ》は不動であり、この肉体は最後の生であり、再び生まれることはない」との確信を得たのであるが、しかしブッダは自己が体得した真理を説こうとしなかった。理由は次のようである。

私が苦労して到達したものを、今説く必要があろうか。

貪りや怒りに打ち負かされた人々に、この真理はよく理解されない。

世間の流れに逆らい、微妙《みみよう》で、深遠《じんのん》で、見がたく、微細《みさい》である〔真理を〕、
貪欲《とんよく》に染まり、暗黒に覆われた人々は、理解しない。(MN i, 168)

その時、ここにブラフマー神(梵天)が登場し、ブッダに教えを説くことを要請する。

尊い方よ、世尊は教えを説いてください。善逝《ぜんぜい》(幸いな人の意。世尊と同じ意味で、ブッダの尊称の一つ)は教えを説いてください。生まれながらにして汚れの少ない人々がいますが、教えを聞かないために衰退しています。彼らは教えをよく理解する者となるでしょう。(MN i, 168)

このように言って、さらに詩節で次のように言った。

かつてマガダ国に、不浄な人々によって考えられた不浄な教えが現われていました。
この不死の門を開いてください。人々は汚れを離れた者によって覚られた教えを聞きなさい。
たとえば、山頂の岩に立って、人々を普く見渡すように、
賢者よ、そのように、真理からなる高殿に登り、
普く見る眼をもつ者よ、憂いを離れた人(ブッダ)は、憂いに覆われ、生と老いとに打ち負かされている人々を観察してください。
勇者よ、戦いにおける勝利者よ、立ち上がってください。隊商主よ、負債のない者よ、世間を歩いてください。
世尊は、教えを説いてください。彼らは、〔教えを〕理解する者となるでしょう。(MN i, 168–169)

梵天の懇願を知り、これに応えてブッダは教えを説くことを決意する。ブッダが最初に教えを説こ

うとした相手が、かつての師であるアーラーラ・カーラーマであるが、すでに七日前に亡くなってい ることを知った。次に、ウッダカ・ラーマプッタに説こうとしたが、彼もまた昨夜亡くなっているこ とを知ったのである。

そこで、かつての修行仲間である五人の比丘《びく》に教えを説くために鹿野苑《ろくやおん》（ミガダーヤ）に向かうので あるが、途中、アージーヴィカ教徒のウパカに出会う。しかし、ウパカはブッダの言葉に耳を貸さず、 せっかくの説法を聞く機会をみすみす逃してしまったのである。

これら五人の比丘との対話の中で、「正しく目覚めた者である」、「不死が得られた」、「無上の安ら ぎであるニッバーナが得られた」、「私たちの解脱は不動である。これが最後の生まれである。もはや 再生することはない」などの言葉が見られるが、これらは輪廻《りんね》からの解脱に関するものばかりである。

最後に、五つの欲望の対象（眼《げん》・耳《に》・鼻《び》・舌《ぜつ》・身《しん》によって識別される対象）に夢中になり、執著し、 享受する者たちは、悪魔の思う壺であり、災いを被り、不幸になるのであるから、悪魔の領域から離 れて安心の境地を実現せよ、と締めくくっている。

この経典から知りうる最も重要なことは、すでに涅槃を得るという概念が存在し、涅槃という境地 も知られていたことである。もちろん、ここで述べられている梵天の勧請《かんじょう》自体は、その時点でのブ ッダの心情に基づいて、後に神話化されたものである。しかし、ブッダが体得した真理を説くのを躊 躇したことと、その理由として、貪りや怒りに打ち負かされた人々、貪欲に染まり、暗黒に覆われた人々には、この真理を理解できないとしていることとは、事実を反映していると思われる。そして、このことから逆に、貪欲や怒りという煩悩を滅し尽くせば輪廻からの解放が可能になると解釈することもできる。

また、第七章の「二　二人の仙人」のところで取り上げた、二人の師の教えの不十分さを伝える言葉、すなわち「この教えは厭離《おんり》することに導かない。離貪《りとん》することにも導かない。滅尽することにも導かない。寂静にも導かない。証智にも導かない。正しい目覚めにも導かない。涅槃にも導かない」は、ブッダの言葉の定型句となっており、種々の経典に見られる。したがって、涅槃は厭離、離貪、滅尽、寂静、証智、正覚《しょうがく》と同格に用いられ、それぞれの語が表わす意味内容が、ブッダの覚りの核心と言えるのかもしれない。

二　苦しみの終滅

古代インドにおいて、精神的解放を意味する最も一般的な語は「解脱」であった。これに対して「涅槃」の語を用いるのは、反バラモン的異教徒であったと言われている。今まで述べてきたように、ウパニシャッドで言うところの永遠の安らぎの境地（解脱）を表わす表現が、仏教では涅槃のみならず種々存在する。本節以下の各節では、それらの表現にどのようなものがあったか、またその内容がいかなるものであったかについて、もちろん涅槃も含めて、代表的なものを取り上げて述べてみよう。

これらがブッダの教えた実践的修行道の目指すところだからである。

まず、「苦しみの終滅」を取り上げる。原始仏教において、四法印《しほういん》の初めの三として体系化される「諸行無常《しょぎょうむじょう》」、「一切皆苦《いっさいかいく》」、「諸法無我《しょほうむが》」を知見するなら、人は苦から遠ざかり離れることができる、と説かれる以下の三つの詩節は、『ダンマパダ』と『テーラ・ガーター』の両方に見られる。

「すべての形成されたものは常ならず」と知によって見る時、人は苦から遠ざかり離れる。これが清浄《しょうじょう》になるための道である。（Dhp. 277 = Th. 676）

「すべての形成されたものは苦である」と知によって見る時、人は苦から遠ざかり離れる。これが清浄になるための道である。（Dhp. 278 = Th. 677）

「すべての事物は我ならざるものである」と知によって見る時、人は苦から遠ざかり離れる。これが清浄になるための道である。（Dhp. 279 = Th. 678）

また、眼・耳・鼻・舌を制御し、さらに身《しん》・口《く》・意《い》を制御する人は、すべての苦から解放されることが、同じく『ダンマパダ』に説かれる。

眼を制御することはよい。耳を制御することはよい。鼻を制御することはよい。舌を制御することはよい。（Dhp. 360）

身体を制御することはよい。言葉を制御することはよい。心を制御することはよい。あらゆることについて制御することはよい。比丘はあらゆることについて制御し、すべての苦から解放され

る。(Dhp. 361)

さらに『ダンマパダ』では、束縛を振り払う人に苦悩は存在しないとも言われる。

〔人生の〕旅を終え、悲しみを離れ、すべてから解放されて、すべての束縛を振り払う人に、苦悩は存在しない。(Dhp. 90)

これに対して、ジャイナ教に説く「苦しみの終滅」については、『ウッタラッジャーヤー』に、

このように、これらの法に一身を捧げた人たちはすべて、やがて覚りを得た。彼らは生と死の恐怖に怯え、苦の終焉を求めた。(Utt. 14. 51)

虚妄《こもう》のない教えにおいて、彼らは以前を思い起こす修習《しゅじゅう》によって、短い時間に苦の終焉に達した。(Utt. 14. 52)

と述べられ、『イシバーシヤーイム』(Isibhāsiyāim)は、

この知は大知であり、すべての知の中で最高のものである。その知を成就した後に、すべての苦から解放される。(Isibh. 17. 1)

と説示する。また、『スーヤガダンガ』は異教徒の言葉を次のように批判的に引いている。

〔これらすべての異教徒は言う。〕「家に住み、森に住み、丘に住む人たちが、われわれの教義を受け入れるなら、すべての苦から解放されるだろう」と。(Sūy. 1. 1. 1. 19)

これら諸例に見られるごとく、仏教とジャイナ教で説く「苦しみの終滅」に関して、きわめて類似

した表現を指摘することができる。すなわち、次のごとくである。

仏教
「すべての苦から解放される」
「苦から遠ざかり離れる」
「苦悩は存在しない」

ジャイナ教
「すべての苦から解放される」
「苦の終焉に達した」

三　涅槃という考え方

中国や日本の寺院では、二月一五日に「涅槃会《ねはんえ》」が営まれる。この法会は三大仏教行事の一つに数えられており、この日にお釈迦様は涅槃に入られたということになっている。ブッダが涅槃に入られたことを「大いなる死」と表現されることもあり、ブッダの死を涅槃と呼ぶようになったため、この名がある。一般的にはこの日にお釈迦様が亡くなったと理解されている。さらに、日本ではブッダだけでなく、人が亡くなることを「涅槃に入られた」と尊敬の念をもって表現し、涅槃と人の死とが同義語に用いられるようになった。

しかしながら、『スッタニパータ』に、

欲望と貪欲を離れ、智慧ある比丘は、この世において、不死、寂静、不滅なる涅槃の境地に到達

した。(Sn. 204)

とあるように、死は涅槃の本来の意味ではない。「この世において」と訳した原語は idha であって、ヴェーダ語より古い言葉で、現実世界のことである。そうであれば、涅槃は現実の世界で実現できる不死とか寂静、不滅なるもの、と言っていることになり、決して死を意味するのではない。死を意味するのであれば、涅槃を究極の目的とする仏教は死を求めることになるし、ブッダは不滅の境地として、死を教えたことになるからである。もう一つ古い詩節を『スッタニパータ』から引用してみよう。

何ものをも所有せず、何ものにも執著することのない、比類なきこの洲、私はそれを涅槃と呼ぶ。老いと死が完全になくなった状態である。(Sn. 1094)

この詩節からもわかるように、涅槃は老いと死が完全になくなった状態を指しているのであり、死を意味するのではない。

涅槃の原語は、サンスクリット語で nirvāṇa、パーリ語で nibbāna、アルダ・マガダ語で nivvāṇa である。この語は、動詞語根 vā- に接頭辞 nir が添えられ、抽象名詞の語尾 na がついてできた語である。したがって「吹き消すこと」を意味する。では、何を吹き消すのであろうか。『スッタニパータ』に次のようにある。

世間の人々を束縛するものは何か。いったい何がそれを活動させるのか。何を捨てることによって、涅槃があると言われるのか。(Sn. 1108)

世間の人々は歓喜《かんぎ》に束縛されている。思いがそれを活動させる。渇愛《かつあい》を捨てることによって、涅

槃があると言われる。（Sn. 1109）

また、『サンユッタ・ニカーヤ』は、

友、舎利《しゃり》弗《ほつ》よ。涅槃は涅槃であると言う。友よ、いったい何ゆえに涅槃と言うのか。友よ、貪欲の滅尽、瞋恚《しんに》の滅尽、愚痴の滅尽、これを涅槃と言うのである。（SN iv, 251）

と解釈している。渇愛とは、人が喉の渇いている時に水を欲しがるような激しい欲望のことであり、人間の奥底に潜在している根源的な欲望で、広くは煩悩を意味する。貪欲も瞋恚も愚痴も煩悩の三毒と言われることから、涅槃とは渇愛や煩悩を滅尽した状態であることが、これらの原始仏典から読み取れよう。

また、漢訳仏典において涅槃は、「出稠林《しゅっちゅうりん》」、「無欲林」などと林を用いた言葉に訳されている。『ダンマパダ』（Dhp. 344）に「愛欲の森」という表現が繰り返され、註釈書においては、森とは渇愛のことである、と説明されている。さらに、『ダンマパダ』には次のようにも言われる。

〔煩悩の〕森を伐れ。樹を伐るな。危険は森から生ずる。〔煩悩の〕森と欲望とを切って、欲望から脱れた者となれ。比丘たちよ。（Dhp. 283）

このことからわかるように、森は燃え盛る煩悩の譬喩である。サンスクリット語とパーリ語の vana（森）と vāna の発音が似ていることから、このような譬喩が用いられたと言えよう。あるいは、長母音と短母音の区別の無かった、カローシュティー（Kharoṣṭhī）文字や初期ブラーフミー（Brāhmī）文字のテキストを底本としたとすれば、森から「出ていく」（nir-）と解釈されたとも考えられるのである。なお、カローシュティー文字や初期ブラーフミー文字は、初期の漢訳仏典において大きな影響力のあったものである。

ついでながら、涅槃を表わす語にもう一つの語があり、それは nibbuta（サンスクリット語 nirvṛta）である。一例を示すと、『スッタニパータ』に次のごとくある。

煩悩を滅し尽くし、高慢を捨て、あらゆる貪りの路を超え、自制し、安らぎに帰し、自己を確立している者ならば、彼は正しく世の中を遍歴するであろう。（Sn. 370）

ここで訳した「安らぎ」の原語は parinibbuta である。サンスクリット語の対応語は parinirvṛta である。接頭辞 pari- は「完全に」という意味で、動詞語根 vṛ- は「覆う」であるから、覆っているものが完全になくなった状態を意味するのであり、心を覆っている迷い、すなわち煩悩の汚れを止滅したことを言っているのである。したがって、このことからも涅槃＝死ではなく、涅槃＝不死を意図していたことがおわかりであろう。

原始仏典『テーリー・ガーター』に、ウッビリー尼の清々しい詩がある。

今日、私は私の〔見がたい〕矢を引き抜き、餓えのない者となり、安らぎを得ました。私は、ブッダ牟尼《むに》と、真理の教えと、サンガに帰依《きえ》します。（Thi. 53）

この尼僧は娘を亡くし、悲しみに打ちひしがれていたのであるが、ブッダによって、胸に刺さっていた悲しみの矢を抜き取ることができたのである。ここでの「安らぎ」もparinibbutaである。

四　不死

本章の「一　梵天勧請」のところで触れたように、『マッジマ・ニカーヤ』の『聖求経』において、ブッダが五人の比丘との対話の中で、「不死が得られた」、「これが最後の生まれである。もはや再生することはない」ということと、「涅槃」を同義に使っていた。そして、前節においても涅槃＝不死が本来の意味であることを確認した。そこで次に、ブッダがこの「不死の獲得」ということをどのように考えていたのかを見てみよう。

『リグ・ヴェーダ』に、「われはソーマ（Soma）酒を飲めり。しかして不死となれり」（Rg-veda 8. 48. 3）とあるように、アーリヤ人はインド侵入の時代より不死（amata）の境地を最高究極の目標に置いていたことがわかる。仏教より古い時代のウパニシャッドの哲学においても、死を暗黒と捉え、その対極に光明である不死を考えていた。この意味では不死は涅槃よりも古い起源をもつ語である。

では、古い仏典によって不死の内容を見てみよう。『ダンマパダ』と『スッタニパータ』と同一の詩節であるが、

執著がなく、知識のゆえに疑惑なく、不死の底に達した人、彼を私はバラモンと呼ぶ。（Dhp. 411 ＝ Sn. 635）

とある。執著とは、ものや金銭に心がとらわれてそこから離れられないことを意味する。そればかりでなく、妻子といった家族も強い執著の対象である。これらに心奪われ縛られないことである。これは完全に出家していなければできないことである。このような執著と疑惑のない人が真のバラモンということになる。もちろんこのバラモンは、四姓制度（カースト制度）のバラモンを言うのではなく、不死の境地を獲得している理想的修行者を指している。註釈においても、不死は涅槃と同義である、と説明している。

また、前にも引用したが、『スッタニパータ』では、不死は寂静、涅槃と同格に扱われている。

欲望と貪欲を離れ、智慧ある比丘は、この世において、不死、寂静、不滅なる涅槃の境地に到達した。（Sn. 204）

寂静の原語は、パーリ語でサンティ（santi）であり、心の平安を意味する言葉である。悲しみとか愛執、憂いといった概念と対極にある言葉である。

不死に到達するには、どのようなことをすれば可能になるかと言えば、八正道《はっしょうどう》の実践ということになる。『テーラ・ガーター』に次のごとくある。

安楽を求めてこれを実践する人は、幸せを得るし、名誉も得る。すなわち、不死に到達するために、正しくまっすぐな八支よりなる聖なる道（八正道）を実践する人の名声は増大する。（Th. 35）

ジャイナ教でも、例えば『イシバーシヤーイム』に、

これら生と死の束縛を知った人は、生と死を断ち、塵のない究極の世界に行く。（Isibh. 3. 11）

と説いている。生と死を断ったとは輪廻を断つことを意味し、輪廻を断つということは不死を獲得したことになり、不死を獲得した人は涅槃の境地を得たのと同じである。そして、そのような人は修行完成者として供養を受けるに値することが説かれる。『ウッタラッジャーヤー』に次のごとくある。

これらの過失を常に避け、牟尼たちの中においてよく誓戒を守る人は、この世界において不死者のように供養される。彼は他の世界と同様にこの世界を得る。(Utt. 17.21)

これらの諸例が示すように、仏教もジャイナ教も「不死」を涅槃として捉え、不死を獲得することを両宗教ともに目標としていたことが知られる。

ところで、誓戒とは五大誓戒を意味し、ジャイナ教における五大誓戒の成立は、かなり古い時期であったようである。五とは、①殺さないこと、②真実を語ること、③盗まないこと、④梵行《ぼんぎょう》を行なうこと(性的関係を断つこと)、⑤所得を有しないことである。仏教の五戒では、④を不邪淫戒にしていることと、⑤の所有しないことの代わりに飲酒をしないこと(不飲酒戒《ふおんじゅかい》)を挙げている以外は、ジャイナ教と同じである。ジャイナ教の五大誓戒が出家者に対する戒であったのに対して、仏教の五戒は在家者に対して説かれたものであるから、梵行と無所有は成立しない。無所有の代わりに飲酒を禁止したのは、暑いインドでアルコールを飲むことは人を狂わせ、人生をも狂わせかねないからではないだろうか。また、ジャイナ教では、五大誓戒に加えて、夜食を食べることについての行為規定が説かれる場合もある。『ウッタラッジャーヤー』に以下のようにある。

生類《しょうるい》の殺害、妄語《もうご》、与えられないものをとること、淫愛、所得から離れ、夜食を食べることから離れて、命我《みょうが》（jīva）はアーサヴァから自由となる。（Utt. 30. 2）

なぜ夜食をとることを避けたのかと言えば、暗闇の中で食事をすると、虫などの小さな生き物が見えずに、食物と一緒に飲み込んでしまう恐れがあり、このように知らず知らずのうちに殺生《せっしょう》してしまうことを避けたのである。五大誓戒を守り、かつ夜食を食べなければ、霊魂に漏入するものがなく、霊魂が清浄となり、上昇して究極の世界に行くことになる。すなわち、霊魂が清浄であれば、もはや輪廻転生《りんねてんしょう》を繰り返すことがなくなるのである。ジャイナ教の解脱については、第八章の「五　諸法無我」をはじめ、すでに数箇所で触れている。

五　最後身

初期仏典においては、「最後の身体をもつ」、すなわち、この生存が最後の肉身であって、もはや来世《らいせ》に肉身を受けることはない、という意味の表現が見られるので、『ダンマパダ』と『スッタニパータ』から引用してみよう。

覚りの究竟《くきょう》に至り、恐れることなく、渇愛なく、罪のない人は、生存の矢を断ち切った。これが最後の身体である。（Dhp. 351）

渇愛を離れ、執著なく、言葉の意義に精通し、諸々の文字の結合と、前後関係を知るならば、彼

こそ最後の身体を有する人、大いなる智慧ある人と呼ばれる。（Dhp. 352）

迷妄《めいもう》から起こる障りは何も存在せず、あらゆる事物に関する知見があり、最後の身体をもち、最上の幸せである覚りに達し、これだけでも個人は清浄となる。如来は、献菓を受けるに値する。（Sn. 478）

また、『スッタニパータ』には、

生存に対する渇愛を断ち切り、心静まった比丘にとって、生を繰り返す輪廻は超えられた。彼にとってもはや新しい生存はない。（Sn. 746）

とあり、輪廻を超えた比丘にとって、今世《こんせ》の肉身は最後身であるため、来世における新しい生存はないことを告げている。さらに、『スッタニパータ』には少し異なる表現で、「新しい生存に戻ることはない」も見られる。

正しく見、正しく知り、ヴェーダに精通した人、賢者たちは悪魔の束縛に打ち勝って、新しい生存に戻ることはない。（Sn. 733）

それゆえに、賢者たちは執著が消滅するがゆえに、正しく知って、生まれの消滅したことを理解して、新しい生存に戻ることはない。（Sn. 743）

これに対して、ジャイナ教聖典はどうであろうか。まず、『ダサヴェーヤーリヤ』を見てみよう。

自我が常に幸福に住する人は、この不浄にして無常である身体の住居を、常に捨てるべきである。

生死《しょうじ》の束縛を断ち切って、比丘は戻ることのない場所（不還趣《ふげんしゅ》）に行く。（Dasav. 10. 21）

「不還趣に行く」とは、生死の束縛を断ち切って解脱した霊魂が、再びこの世に戻ってくることがない状態を意味する。不還趣とは言わずに、不還のみの詩節もある。例えば『ウッタラッジャーヤー』には次のごとくある。

善と悪との両方を滅ぼして、罪のない者となり、すべての〔束縛から〕解放され、大海のような生存の大きな流れを渡って、サムドラパーラは、再び戻ることのない状態（不還）に行った。

（Utt. 21. 24）

また、『ウッタラッジャーヤー』は、

私たちは今日にも法を実践します。これを実践する私たちは再び生まれないでしょう。来世は私たちにとって何の意味もありません。信によって貪欲を消滅することは可能です。（Utt. 14. 28）

と説き、法の実践によって再生がないことを示している。この詩節において再生の原因になるものとして貪欲を挙げているが、ジャイナ教においては四つの煩悩（汚濁《おじょく》）として、怒り、憍慢《きょうまん》、迷妄、貪欲を数えるのが一般的である。仏教でもこれら四つの煩悩を滅ぼし尽くした人が真の遊行者であると説く。次の『ダサヴェーヤーリヤ』の詩節は、四つの汚濁があるうちは、再生を止めることができないことを表わしている。

抑制されない怒りと憍慢と、〔悪を〕増長《ぞうじょう》させる迷妄と貪欲と、これら四つの黒い汚濁は、再生の根に水を注ぐ。（Dasav. 8. 39）

さらに、「再びこの世のために速やかに来ない」という表現もある。『イシバーシヤーイム』の各章は、

このように、彼は覚者、愛著《あいじやく》を離れた者、悪を離れた者、調御《じようご》する者、自制者、ないし聖者であって、再びこの世のために速やかに来ない、と私は言う。

の定型句で終わっている。『チャーンドーギャ・ウパニシャッド』（Chāndogya-Upaniṣad VII. 15）に「再び帰らない」（na ca punar āvartate）という表現があることから、仏教もジャイナ教もウパニシャッドの影響を受けたと考えられよう。

これらの用例から、類似した表現をまとめてみよう。仏教においては、「生存の矢を断ち切った」、「これが最後の身体である」、「彼こそ最後の身体を有する人〔である〕」、「〔彼は〕最後の身体をもち」、「彼にとってもはや新しい生存はない」、「新しい生存に戻ることはない」という表現で、現在の身体が最後であり、もはや輪廻転生の苦しみを繰り返すことがないことを述べている。

一方、ジャイナ教ではどうかと言えば、「生死の束縛を断ち切って」、「大海のような生存の大きな流れを渡って」、「比丘は不還趣に行く」、「不還に行った」、「私たちは再び生まれないでしょう」、「再生の根に水を注〔がない〕」、「再びこの世のために速やかに来ない」と、仏教ときわめて類似した表現を見出すことができる。

このような類似した表現があることから、仏教とジャイナ教に、苦の多い生存の繰り返しである輪

廻から脱出して、現世《げんぜ》の生存が最後になることを目標とした共通の基盤の存在を推定せしめることになる。

六　彼　岸

「暑さ寒さも彼岸まで」。このフレーズは、天気予報では必ずと言ってよいくらい使われる。そのため、日本人なら誰でもこのフレーズを子供の頃から耳にしている。厳密（科学的）には多少のずれがあるらしいが、昼と夜の時間が同じになる日が春と秋の二回あり、春を春分の日、秋を秋分の日と言っている。日本では古来、この春分の日と秋分の日をそれぞれ中日とする七日間を彼岸と呼んで、お墓参りをすることが一般的に行なわれている。

本節では彼岸の由来について述べてみよう。彼岸というからには此岸《しがん》があることになる。そして、二つの岸の間に横たわるのが川であり、原始仏教ではこの川を輪廻の激流とか洪水と見なしていた。解釈がきわめて困難とされる『スッタニパータ』の古い詩節に、「一度彼岸に達したならば二度と行く必要がなくなるが、彼岸に至る道はとても険しい」（Sn. 714cd）と私なりに解釈できる半詩節がある。つまり、彼岸へ到達するのは並大抵なことではないという意味である。

それだけに、どれほどの人たちが彼岸に渡ることができるのかというと、『ダンマパダ』は次のように述べている。

人間たちの中で彼岸に到達する人はほんのわずかである。しかし、これら他の人たちは此《こ》の岸を走り回っているにすぎない。（Dhp. 85）

ここに示されているように、彼岸は此岸の対岸を表わす語である。さらにこの詩節は、ほとんどの人が彼岸に到達することができずに、此岸で生死を繰り返す輪廻の生活にあえいでいることを示している。

それでは、此岸から彼岸に至る方法とはどのようなものであろうか。まず、『スッタニパータ』に、

何ものをも所有せず、愛欲や生存に執著しない人がバラモンであり、ヴェーダに精通した人であるとあなたが知った人、彼は確かに〔輪廻の〕激流を渡った。彼は彼岸に達して心が荒々しくなく、疑念もない。（Sn. 1059）

と説かれているように、輪廻を激流、あるいは洪水に喩えており、ものを所有し愛欲や生存に執著すれば、輪廻転生を繰り返すことが読み取れる。そして、同じく『スッタニパータ』の以下の詩節では、この輪廻の激流を渡る手段は船や筏であることを教えている。

それゆえに、人は常に気をつけていて愛欲を避けよ。それらを捨て去って、船の水を汲み出してから彼岸に達した人のように、彼は激流を渡るだろう。（Sn. 771）

世尊は言った。「よく作られた私の筏はよく組まれていた。激流を渡り、渡り終わって彼岸に到

達していた。もはや筏の必要はない。神よ、あなたが望むなら、雨を降らせよ」と。（Sn. 21）

愛欲こそが輪廻転生の大きな要因であり、それは彼岸に至ろうとしている船に漏れ込んでくる水である。それゆえ、愛欲という水を汲み出さない限り対岸に渡ることは不可能である。また、後半の詩節には、ブッダの筏は、激流を渡り終われるように堅固に組まれていたことが説かれている。このような筏に乗った人は確実に彼岸に到達することができる。筏はまさにブッダの教えである。

ところで、愛欲とは男女の性的関係を意味し、これを断てと言っているのであり、さらに、ものを所有するなとか、生存に執著するなとか述べられているが、このように言われても、在家者であれば不可能な要請である。在家の日常生活を送っている限り、生存に対する欲求や所有欲がなければ働く意欲も湧かないだろうし、生きる希望がなくなることになる。これはあくまでも出家者に対する教戒である。在家者にとってこのような原始仏典の教戒は、「度を過ぎないように」と咀嚼し直して読むことも大切になる。

では、彼岸に到達した人はどのような特質をもっているのであろうか。一般に初期仏典では、すでに涅槃を得て、輪廻の生存を繰り返さない人を彼岸に渡った人と見ている。このような人は、「輪廻や迷妄を渡り終わって、彼岸に達している」と表現されるが、『ダンマパダ』には次のようにも言われる。

彼岸もなく、此岸もなく、彼岸・此岸なるものもなく、恐怖から解放され、束縛のない人、彼を

私はバラモンと呼ぶ。（Dhp. 385）

彼岸とは覚りの境地であり、此岸とは迷いの生存である。この両方ともないとは、覚りと迷いの両方を超越して、もはや生存を繰り返すことのない完全なる涅槃のことであると、ひとまずは解釈できる。したがって、真実のバラモンとは涅槃に到達してもはや生存を繰り返さない人を意味する。

しかし、この「此岸と彼岸を超える」という表現は、数世紀後の註釈者たちを混乱に陥れた表現である。なぜなら、此岸は現世であり、彼岸は涅槃であり、此岸を超えて涅槃に行くことは理解できても、涅槃を超えるという思想はテーラヴァーダ（上座部《じょうざぶ》）の仏教にはなく、大乗仏教に至って初めて現われた考え方だからである。思うに、初期仏典の最古層の部分が作成された頃、その作者は、「現世」と「死後」の二つの世界しか想定しておらず、それを各々此岸、彼岸と表現しただけで、未来永劫輪廻転生を繰り返して苦しむ場所が此岸とはまだ考えていなかったためと推測される。つまり、この詩節は『ダンマパダ』の中でも、最も早い段階に成立した詩節であると言えよう。

一方、ジャイナ教では輪廻を「大海」に喩えて、船でこの大海を渡って彼岸に到達すべきことを説く。『ウッタラッジャーヤー』には次のごとくある。

あなたは大海を渡った。なぜ岸の近くにやって来て立ち止まっているのか。彼岸に急いで行きなさい。ゴーヤマよ、一瞬たりとも怠ることなかれ。（Utt. 10. 34）

そして、大海には大きな激流があり、水漏れのする船は途中で沈んでしまうので対岸に着くことはない。そこで仏教と同様に、水漏れのしない船でしか渡れないことを説く。また、激流を渡ることのできる水漏れのしない船がどのようなものであるか、興味深い譬喩によって説明している。『ウッタラッジャーヤー』に以下のようにある。

身体を船という。命我は水夫といわれる。輪廻は大海といわれ、偉大な聖仙たちはこれを渡ります。(Utt. 23. 73)

身体は船であり、その船を操舵するのは水夫である。水夫はわれわれ人間のことである。もし水夫の命我(アートマン)が完全なものでなければ、輪廻の大海は渡れないことになる。ここにジャイナ教の命我、すなわち霊魂(個我、個人我)に対する考え方の特殊性が現われている。

仏教もジャイナ教も、ウパニシャッドで梵我《ぼんが》一如《いちによ》と言うところの「我」を否定する。両宗教とも宇宙の創造原理(梵＝ブラフマン)と同一の普遍我を否定するのである。しかし、ジャイナ教は仏教と違って個人の我は認めている。すなわち、この個人我は上昇性があり、清浄無垢であれば天(非世界)に昇って、再びこの世界に戻ることはない。しかし、人間が何らかの行為を行なえば、業《ごう》が霊魂に付着して業身というものを形成し、霊魂の上昇性を阻害して輪廻転生を繰り返すことになる。その結果、動物ないしは地獄に生まれ変わることになる。

ジャイナ教でも、仏教と同様に漏れ込んでくる水は愛欲が最たるものであるから、それから命我を護ることができるなら、輪廻の大海を渡りきれる偉大な聖仙になることができると説くのである。

また、輪廻の原因となる愛欲の対象は享楽である。享楽を貪る人は、四面を海に囲まれた大きな恐怖に満ちた輪廻をさまようことになる。それは船に水が漏れ入るのに気づかずに、その船で彼岸に行こうとして途中で沈んでしまうのと同じである。言い換えれば、愛欲に汚された行ないの悪い人は、命我が清らかでないために輪廻転生を繰り返すことになる。

このような考え方が、自制することによって新たな業を作らず（saṃvara＝遮）、苦行によって過去に形成された業を滅ぼし（nijarā＝滅）、霊魂（ジーヴァ）の本性を発揮させる、というジャイナ教独自の実践観を生み出していったと考えられよう。

以上、仏典もジャイナ教聖典も、輪廻を激流や大海に喩えて、それを船によって渡った対岸が彼岸である、と共通に説いている。そして、仏典は航海中に水が漏れ入ってくる場合があっても、その水を汲み出しながら航海せよと説くが、汲み出すべき水とはもちろん愛欲のことである。ジャイナ教聖典も水漏れのしない船で彼岸に渡ることを勧めているが、漏れ入ってくる水とはやはり愛欲である。ここにも両宗教聖典の共通性がある。

では、両宗教の相違点とは何であろうか。

『スッタニパータ』は、

人々がこの状態から他の状態へと、何度も何度も生死を〔繰り返す〕輪廻に赴くのは、その無明《むみょう》の結果である。（Sn. 729）

というのは、この無明は大きな迷妄であり、それによって長い間、この輪廻に赴いた。しかし、明知《みょうち》に達したいかなる有情《うじょう》も、新しい生存に戻ることはない。（Sn. 730）

と述べて、輪廻の原因が無明にあることを指摘する。それゆえに輪廻を脱する、すなわち涅槃を得る方法として「明知を得ること」を提示する。さらに、『ダンマパダ』には次のごとくある。

しかし、もし誰かが仏と法と僧とに帰依するなら、彼は正しい智慧によって四つの尊い真理（四聖《ししょう》諦《たい》）を見る。（Dhp. 190）

すなわち、苦しみ、苦しみの起こり、苦しみの克服、苦しみの終滅に導く尊い八支の道を〔見る〕。（Dhp. 191）

明知とは正しい智慧であり、この智慧によって四聖諦（cattāri-ariya-saccāni）を見ることができるのである。すなわち、①苦、②苦の原因、③苦の超克、④苦の終滅に導く八支よりなる聖なる道（八正道）の四つの真理である。この四聖諦は安穏の帰依所（saraṇaṃ khemaṃ）であり、最高の帰依所（saraṇaṃ uttamaṃ）でもあり、この帰依所を獲得したなら、すべての苦悩から脱して、涅槃に到達することができる、と説示される。

ここに見られる「正しい智慧によって四聖諦を見る」ことで涅槃に至るという表現は、正しくまっすぐな八支よりなる聖なる道（＝八正道）の実践によって不死に到達するとも説かれる。これはやがて、仏教教団において八正道の実践が強調されるようになったことの証左であろう。

一方、ジャイナ教では、第七章で紹介したような想像を絶する苦行によって、彼岸に到達することができると説かれている。古いジャイナ教聖典においては、出家修行者が森の中で蚊や虻《あぶ》の襲撃にじっと耐える姿が、戦場の先陣にいてじっと耐え忍ぶ象に喩えられている。村人の種々の迫害にじっと耐え、彼らに襲われたり、犬に噛みつかれたりしても耐えねばならない。マハーヴィーラもこのような苦行を行ない到彼岸者《とうひがんしゃ》となったのである。苦行こそが涅槃を得る最善の方法である。

自制と苦行とによって過去の諸々の業を滅して、成就の道に到達する聖者たちは涅槃を得る。(Dasav. 3. 15)

自制と苦行とによって過去の諸々の業を滅して、すべての苦を取り除くという目的をもった大牟尼は〔涅槃に〕赴く。(Utt. 28. 36)

『ダサヴェーヤーリヤ』と『ウッタラッジャーヤー』のこれら二つの詩節では、自制と苦行とによって業を滅ぼすことが涅槃への道であることを説いている。やがて、自制に努め励むのは新たな業を形成しないためであり、苦行を行なうのはこれまでに形成された業を浄化する効果がある、と教義化されるようになる。

これに対して仏教は、先に見たように、人間が輪廻転生を繰り返すのは無明が原因であるから、「智慧」(明知)をもたなければならないと説くのである。ここに実践道に対する考え方の相違が見られる。

あとがき

筆者は長年、沙門（仏教やジャイナ教などの出家遊行者）の研究をしてきたが、機会があれば、自分の得たものを生かして、ブッダとその時代の仏教についての入門書を書きたいと思っていた。ほぼ同じ時期に同じ地方で興ったジャイナ教と比較しながら仏教を解説することで、今までとは違った視点から興味深く理解してもらえるのではないかと考えたからである。

自分なりに平易さを心がけたつもりではあるが、そのようになったかどうかは読者諸賢の判断を仰ぎたい。

ただ、筆者の専門が聖典言語としてのサンスクリット語、パーリ語、アルダ・マガダ語であるため、言語のことになると、ついつい力が入って詳しく書いてしまい、一般の方々には理解しがたい箇所があったかもしれない。そこは飛ばしてわかるところから読んでもらって構わない。しかし、仏教文献を中心としたテキストの言語の実際を知ることは、研究者だけでなく、これから仏教を学ばれる方にとっても大切なことなので、まず、言語や文献のどういうところにポイントや問題点があるのか、おおまかな輪郭だけでも理解していただければ有り難いと思っている。

本書の編集に当たっては、大蔵出版編集部の上田鉄也氏に大変お世話になった。体調を崩し、作業を一年間中断してしまったが、その間辛抱強く待っていただき、緻密な校正をしてくださったことに心から謝意を表したい。

二〇一〇年九月

山崎　守一

主要参考文献

本書を執筆するに当たって、参考となり教示を得たものを挙げる。

【テキスト】

仏教：

Dhp.	Dhammapada	DN	Dīgha-nikāya
Ja.	Jātaka	MN	Majjhima-nikāya
SN	Saṃyutta-nikāya	Sn.	Suttanipāta
Th.	Theragāthā	Thī.	Therīgāthā
Ud.	Udāna	Vin.	Vinaya

＊以上のパーリ文献は、すべてパーリ文献協会（PTS）より刊行されたテキストを使用する。ただしDhammapadaは、Hinüber and Norman ed.（PTS, Oxford 1994）である。

GDhp.　J. Brough, *The Gāndhārī Dharmapada*, London 1962

SP　H. Kern and B. Nanjio, *Saddharmapuṇḍarīka*, Bibliotheca Buddhica X, St. Petersburg 1908–1912

Uv.　H. Bernhard, *Udāna-varga* Vol. I, Göttingen 1965

大正蔵　大正新脩大蔵経

ジャイナ教：

Aṇu. *Aṇuogadāra*, ed. by Muni Puṇyavijaya, Jaina-Āgama-Series No. 1, Bombay 1968

Āy. *Acārāṅga-sūtra*, Erster Śrutaskandha, Text, Analyse und Glossar, von W. Schubring, Leipzig 1910

Dasav. *The Dasaveyāliya Sutta*, edited by E. Leumann, Ahmedabad 1932

Isibh. *Isibhāsiyāiṃ*, Ausspriiche der Weisen, Aus dem Prākrit der Jainas Ubersetzt von W. Schubring, Nebst dem revidierten Text, Hamburg 1969

Sūy. *Sūyagaḍaṃga*, For the first time critically edited with the text of Niryukti, various readings, notes and appendices by P. L. Vaidya, Part I（Text and Niryukti), Poona 1928

Utt. *The Uttarādhyayanasūtra*, edited with an Introduction, Critical Notes and a Commentary by J. Charpentier, Uppsala 1922

引用文の翻訳に当たっては、ＰＴＳの英訳はもちろんのこと、中村元訳『ブッダのことば――スッタニパータ』（岩波文庫、一九八四年）、『ブッダの 真理のことば 感興のことば』（岩波文庫、一九七八年）など、多くの邦訳を参照した。ただし、最終的には筆者の責任で、可能な限り原文を正確に訳すように努めた。

Alsdorf, L., *Les études jaina : état présent et taches futures*, Paris 1965

阿部慈園『頭陀の研究――パーリ仏教を中心として』春秋社、二〇〇一年

榎本文雄「āsrava（漏）の成立について――主にジャイナ古層経典における」、『仏教史学研究』第二二巻第一号（一九七九年）所収

金倉圓照『インド哲学史』平楽寺書店、一九七〇年

雲井昭善『仏教誕生』平河出版社、一九八五年
田上太秀『仏陀のいいたかったこと』講談社、一九八三年
塚本啓祥『仏陀』教育新潮社、一九六九年
冨倉徳次郎『徒然草（国文学習叢書③）』旺文社、一九六二年
中村元『仏教語大辞典』東京書籍、一九七五年
——『ブッダ入門』春秋社、一九九一年
中村元訳「仏伝に関する章句」、中村元編『原始仏典』（筑摩書房、一九七四年）所収
中村元ほか編『岩波仏教辞典』岩波書店、一九八九年
中村元・三枝充悳『バウッダ・仏教』小学館、一九八七年
中村元・田辺和子『ブッダ物語』岩波ジュニア新書、一九九〇年
ノーマン、K・R（武田龍訳）「仏教とその起源をなすもの」、『パーリ学仏教文化学』第八号（一九九五年）所収
——（山崎守一訳）「初期仏教とジャイナ教との比較」、『中央学術研究所紀要』第二九号（二〇〇〇年）所収
羽矢辰夫『ゴータマ・ブッダ』春秋社、一九九九年
早島鏡正『ゴータマ・ブッダ』講談社学術文庫、一九九〇年
早島鏡正監修・高崎直道編集代表『仏教・インド思想辞典』春秋社、一九八七年
堀田雄康『新約聖書』共同訳・全注、講談社学術文庫、一九八一年
増谷文雄『釈尊のさとり』講談社学術文庫、一九七九年
松濤誠廉「ジャイナ資料より見たる無我と十二因縁」、結城教授頌寿記念『仏教思想史論集』（大蔵出版、一

九六四年）所収
松濤誠達「釈尊は墓地で何を実践したか」、松濤誠達著『古代インドの宗教とシンボリズム』（大正大学出版会、二〇〇六年）所収
水野弘元『仏教要語の基礎知識』春秋社、一九七二年
宮元啓一『仏教誕生』ちくま新書、一九九五年
――『ブッダが考えたこと――これが最初の仏教だ』春秋社、二〇〇四年
簗瀬一雄訳注『方丈記』角川文庫、一九六七年
山崎守一「ジャイナ古層聖典における appa(n)-, atta(n)-, āta-, āya- について」、『印度学仏教学研究』第三三巻第一号（一九八四年）所収
――「バラモンの対峙者としての沙門」、塚本啓祥教授還暦記念論文集『知の邂逅――仏教と科学』（佼成出版社、一九九三年）所収
――「沙門の国土観――沙門の逗留した所」、『日本仏教学会年報』第五八号（一九九三年）所収
――「ジャイナ遊行者の衣・食・住――マハーヴィーラを中心にして」、神子上恵生教授頌寿記念論集『インド哲学仏教思想論集』（永田文昌堂、二〇〇四年）所収
――「中期インド・アリアン語」、菅沼晃博士古稀記念論文集『インド哲学仏教学への誘い』（大東出版社、二〇〇五年）所収
――「彼岸――原始仏教と初期ジャイナ教との対比において」、長崎法潤博士古稀記念論集『仏教とジャイナ教』（平楽寺書店、二〇〇五年）所収
――「沙門の実像――初期ジャイナ教と原始仏教との並行詩脚を中心に」、『中央学術研究所紀要』第三六号（二〇〇七年）所収

――「サマナとよばれた出家遊行者」、坂輪宣敬博士古稀記念論文集『仏教文化の諸相』（山喜房仏書林、二〇〇八年）所収
渡辺研二『ジャイナ教：非所有・非暴力・非殺生――その教義と実生活』論創社、二〇〇五年
渡辺照宏『お経の話』岩波新書、一九六七年

[著者紹介]
山崎守一（やまざき　もりいち）

1948年、福島県生まれ。東北大学大学院文学研究科博士課程修了。博士（文学）。専門は初期仏教・ジャイナ教。1976–78年、英国ケンブリッジ大学留学（K. R. ノーマン教授の下でパーリ語・プラークリット語を学ぶ）。国立仙台高等専門学校教授、宝仙学園短期大学学長、こども教育宝仙大学学長を歴任。現在、中央学術研究所顧問。
著書に、
・『梵文法華経写本集成——ローマ字本・索引』（共編）第1巻、第2巻、梵文法華経研究会、1986、1988年
・*A Word Index and Reverse Word Index to Early Jain Canonical Texts*, co-compiled, Philologica Asiatica, Monograph Series 15, Tokyo 1999
・*A Pāda Index and Reverse Pāda Index to Early Pāli Canonical Texts*, co-compiled, Kosei Publishing Company, Tokyo 2000
・*Index to the Jātaka*, co-compiled, Pali Text Society, Oxford 2003
ほか多数。

沙門ブッダの成立　原始仏教とジャイナ教の間

2010年11月30日　第1刷発行

著　　者　山　崎　守　一
発 行 者　青　山　賢　治
発 行 所　大蔵出版 株式会社
〒113-0033　東京都文京区本郷3-24-6-404
TEL.03-5805-1203　FAX.03-5805-1204
http://www.daizoshuppan.jp/
装 幀 者　クラフト大友
印 刷 所　中央印刷 株式会社
製 本 所　株式会社 難波製本

ISBN 978-4-8043-3071-6　C 0015